DISTRIBUTION D'EAU

RAPPORT

AU NOM DE VERDUN

METZ

Ingénieur des Ponts et Chaussées.

VERDUN

IMPRIMERIE ... RUE SAINT-PAUL, 6,

VILLE DE VERDUN.

ÉTABLISSEMENT

D'UNE

DISTRIBUTION D'EAU.

RAPPORT

AU MAIRE DE VERDUN

PAR

M. HOLTZ

Ingénieur des Ponts et Chaussées.

VERDUN

IMPRIMERIE L. DOUBLAT, RUE SAINT-PAUL, 6,

1868

RAPPORT AU MAIRE DE VERDUN..

CHAPITRE Ier.

Exposé historique. — Nécessité d'une distribution d'eau à Verdun.

Le besoin d'une eau salubre et abondante est un des plus impérieux qui s'imposent à l'homme. Nécessaire à son alimentation et à son hygiène, l'eau est, comme l'air et la lumière, un des éléments indispensables de son existence. Aussi, de tout temps, les sociétés civilisées ont-elles cherché à tirer le parti le plus avantageux des eaux qu'elles avaient à leur disposition, et les ruines grandioses des aqueducs construits par les Romains attestent encore, après dix-huit siècles passés, l'importance que ce peuple attachait à procurer une large consommation d'eau à toutes les villes sur lesquelles il établissait sa domination d'une manière définitive.

Dans les temps modernes, les moyens propres à assurer aux villes l'eau qui leur est nécessaire ont varié : les progrès des sciences mécaniques ont souvent permis de substituer avec avantage des machines élévatoires à des aqueducs, dont la construction eût exigé des sacrifices considérables. Mais, si les moyens sont différents, le but reste le même : les exigences industrielles, l'accroissement du bien-être et de l'aisance dans toutes les classes de la société, la généralisation des habitudes d'hygiène et de propreté ont, au contraire, rendu plus impérieuse que jamais, pour toutes les villes, l'obligation d'une distribution d'eau, susceptible de donner satisfaction à ces besoins nouveaux.

C'est une nécessité à laquelle la ville de Verdun est également soumise et dont elle ne peut s'affranchir. Bâtie sur les deux rives de la Meuse, qui la divise en parties à peu près égales, cette ville occupe le fond de la vallée et s'élève en même temps sur les coteaux escarpés qui, de chaque côté, circonscrivent étroitement le cours de la rivière. De là résulte naturellement sa division en ville basse et ville haute. Les quartiers hauts, élevés à 35^m en moyenne au-dessus de la rivière, sont presque complètement privés d'eau. Les quartiers bas s'en procurent au moyen de puits creusés dans les alluvions de la Meuse ; mais cette eau, souvent corrompue par les infiltrations des égouts et des fosses d'aisance ou troublée par les crues de la rivière, est, dans un grand nombre de puits, impropre à la boisson, et les sels nuisibles que l'analyse chimique révèle dans sa composition ou les matières organiques qui en altèrent la pureté ne permettent pas partout de l'employer avec sécurité pour l'alimentation. Enfin l'administration municipale est dépourvue d'eau de la manière la plus absolue pour l'arrosage des rues, le lavage des égouts et, en général, pour tous les besoins de l'édilité.

Il est à peine utile d'insister sur les inconvénients que présente cet état de choses : l'alimentation de la ville tout entière en eau potable est mal assurée, l'eau manque dans les quartiers hauts pour les protéger contre les incendies ; enfin, l'insalubrité due à l'absence d'arrosage est attestée par les odeurs et les émanations malsaines qui, chaque été, s'échappent des ruisseaux ou des égouts de la plupart des rues de la ville.

Aussi, depuis longtemps, l'opinion publique n'a-t-elle cessé de se préoccuper de la nécessité d'assurer à la ville de Verdun une alimentation d'eau en rapport avec ses besoins. Dans ce but, un premier avant-projet avait été dressé en 1842 par M. Hubert, ingénieur civil; puis plus tard, en 1861, un traité avait été passé, pour atteindre le même résultat, avec un industriel de Verdun, M. Poulmaire. Pour des motifs qu'il ne nous appartient ni de discuter ni d'apprécier dans ce rapport, aucune suite ne fut donnée à ces divers projets. Ce fut alors que l'administration municipale de Verdun désigna, en 1865, une commission spéciale chargée de poser les bases d'un projet définitif de distribution d'eau. Les travaux de cette commission se prolongèrent pendant une année entière et aboutirent à des conclusions qu'il est nécessaire de rappeler, parce qu'elles servent de point de départ à notre projet. Tel sera le but du chapitre suivant.

CHAPITRE II.

Travaux de la Commission de 1865. — Choix des eaux.

La commission des eaux, nommée en 1865, se composait de MM. Benoit, maire de Verdun et président de la commission, Buvignier, premier adjoint et auteur de la carte géologique du département de la Meuse, Cauyette, architecte de la ville, Villet, ingénieur civil, Neucourt, chimiste connu par ses nombreuses analyses sur les eaux de Verdun et des environs, Marchand, commandant du génie, rapporteur de la commission, Holtz, ingénieur des ponts et chaussées, secrétaire.

Cette commission avait pour mission de rechercher, d'une manière générale, les moyens propres à doter d'eau potable la ville de Verdun et d'étudier par conséquent la question sous toutes ses faces, sans admettre d'idée préconçue ni accepter sans vérification aucun des chiffres, aucun des faits cités dans les projets ou documents antérieurs, qui étaient mis à sa disposition et qui lui étaient fournis à titre de simples renseignements.

La première question et la plus importante que la commission eut à résoudre était celle du choix des eaux à distribuer à la ville de Verdun. Devait-on utiliser les eaux de la Meuse qu'on trouve dans l'intérieur même de la ville, ou fallait-il recourir de toute nécessité à l'emploi des eaux de source ?

Avant d'aborder l'examen de cette question, la commission dut préalablement discuter une opinion accréditée dans la localité, d'après laquelle il existerait sous la ville de Verdun une nappe souterraine, dont l'eau serait amenée des coteaux voisins, grâce à la perméabilité du sol, et serait par conséquent distincte de celle de la Meuse. La réalité de ce fait, sur lequel reposait le projet Poulmaire dressé en 1861, permettrait d'utiliser cette nappe sans s'exposer aux inconvénients que présentent les eaux de rivière et sans être entraîné, d'autre part, aux dépenses considérables qu'exige presque toujours l'emploi des eaux de source.

Cette idée est séduisante ; mais elle ne constitue qu'une pure hypothèse, dont l'inanité a été démontrée d'une manière péremptoire par les études de la commission.

La vérification faite des niveaux de plus de vingt puits

particuliers et de toutes les fontaines publiques dans les quartiers de la ville basse, ainsi que la constatation de la qualité de leurs eaux, ont, en effet, prouvé que la hauteur des eaux dans ces puits ne diffère jamais d'une manière appréciable de celle de la rivière, qu'elles sont presque toutes exposées à se troubler pendant les crues de la Meuse, et qu'il n'existe par conséquent aucune nappe d'eau distincte et indépendante de la rivière, coulant sous la ville.

Sur cette question préjudicielle, la commission est donc arrivée avec une certitude absolue à la conclusion suivante : « En admettant même que cette nappe souterraine ren- » ferme, ce qui est vraisemblable, quelques sources dues » aux infiltrations des eaux pluviales à travers le sol per- » méable des coteaux voisins, on doit reconnaître qu'elle » est en communication directe avec la rivière, que son » niveau varie avec celui de la Meuse, et qu'il faut attribuer » à des causes purement accidentelles, telles que la pré- » sence de murs de fondations, les différences constatées » dans les niveaux observés. En résumé, il ne faut se faire » aucune illusion à cet égard : l'eau de cette nappe est celle » de la Meuse. » (Procès-verbal du 17 août 1865).

Mais, en même temps qu'elle posait cette conclusion qui, par la rigueur de sa démonstration, échappe à toute discussion, la commission des eaux constatait que certains puits placés dans des conditions assez favorables pour être à l'abri de toute infiltration nuisible, tels que, par exemple, le puits de la porte Neuve, fournissent en tout temps une eau salubre, non-seulement acceptée sans répugnance, mais encore recherchée avec faveur par les quartiers voisins qui sont à même d'en profiter. C'était une forte présomption en faveur de la possibilité d'utiliser les eaux de la Meuse, à la condition de choisir convenablement l'emplacement de la prise d'eau.

Cette présomption était déjà confirmée par les analyses

chimiques antérieures de M. Neucourt. Pour plus de sécurité, deux échantillons d'eau pris, le premier dans le lit même de la rivière en amont de la ville, le second dans le trou voisin du bureau d'octroi de la porte Neuve, furent adressés, par les soins de l'Ingénieur soussigné, au laboratoire spécialement établi dans ce but à Paris, à l'école impériale des ponts et chaussées. Voici le résumé de ces analyses, dont les résultats concordent complètement avec celles de M. Neucourt.

Extrait du registre des essais du laboratoire.

L'échantillon n° 1 évaporé à sec a donné un résidu de $0^{gr}212$. L'échantillon n° 2 a donné un résidu de $0^{gr}274$.

	N° 1.	N° 2.
Résidu insoluble dans les acides.....	0^g004	0^g007
Alumine et Péroxyde de Fer.........	0 004	0 003
Chaux..............................	0 088	0 119
Magnésie...........................	0 009	0 008
Alcalis.............................	0 011	0 006
Chlore.............................	traces	0 002
Acide sulfurique....................	0 017	0 008
Eau combinée et matières organiques.	0 010	0 022
Acide carbonique et produits non dosés	0 072	0 099
Résidu total de l'évaporation de 1 litre d'eau...........................	0^g212	0^g274

En même temps, M. le Directeur du laboratoire voulait bien répondre, dans les termes suivants, à deux questions

que lui avait posées l'Ingénieur soussigné dans une lettre
particulière :

« 1° La quantité de sels calcaires, contenus dans les
» deux échantillons, n'est pas assez grande pour nuire aux
» usages ordinaires de la vie et de l'industrie.

» 2° Bien que l'attention ne se soit pas portée d'une
» manière spéciale sur les matières organiques, la faible
» proportion portée à l'article Eau combinée et matières
» organiques, dans les tableaux de l'analyse, fait voir qu'il
» n'y a rien à redouter de ce côté pour la salubrité des
» eaux. »

Ces analyses multipliées, toutes concordantes entre elles,
ne peuvent donc laisser aucun doute sur la bonne qualité
des eaux de la Meuse.

Au surplus, si les matières étrangères, qui altèrent la
pureté de la plupart des puits de la ville de Verdun alimen-
tés par l'eau de la Meuse, pouvaient, malgré le résultat de
ces analyses, laisser une impression défavorable sur l'usage
de cette eau, il nous suffirait de rappeler la faveur méritée
dont elle jouit dans les campagnes et les villages de toute la
vallée. Plus d'une fois nous avons vu, dans le cours des travaux que nous faisions exécuter pour l'amélioration de la
navigation, les habitants de localités pourvus d'eau de
source, parcourir un trajet relativement considérable, pour
venir puiser dans les fouilles de nos chantiers l'eau de la
Meuse, qu'ils y trouvaient naturellement filtrée à travers
les graviers du sous-sol et qu'ils préféraient à celle de leurs
fontaines.

Sans attacher à ce dernier fait plus d'importance qu'il
n'en mérite, il faut en conclure que l'usage des eaux de la
Meuse est franchement accepté par les populations rive-
raines et que tout concourt, soit dans les habitudes locales,
soit dans les analyses chimiques, pour démontrer la possibilité de les utiliser avec une sécurité pleine et entière à

l'alimentation de la ville de Verdun. Elles contiennent, il est vrai, comme toutes les eaux, du carbonate de chaux, mais dans des proportions restreintes, plutôt utiles que nuisibles : l'action bienfaisante de ce sel en faible quantité, comme cela a lieu dans les eaux de la Meuse, a été mise nettement en lumière dans un ouvrage estimé de M. le docteur Dupasquier sur les eaux de Lyon, où il montre que ce sel se comporte à peu près à la manière des tablettes minérales de Vichy « en saturant comme elles les acides de » l'estomac et en stimulant sa membrane muqueuse par » l'acide carbonique qu'il dégage à la suite de sa décom- » position. » Le sulfate de chaux qui, au dire des hygié- nistes, est de tous les sels le plus nuisible, n'entre que dans des proportions infinitésimales dans la composition du résidu laissé par l'évaporation des eaux de la Meuse. Quant aux matières organiques, quelque minime et inof- fensive que soit la quantité qu'elles contiennent générale- ment et que constatent les analyses précitées, il est possible de s'en affranchir complètement par un choix convenable de l'emplacement de la prise d'eau ; c'est un point sur lequel nous serons appelé à revenir au chapitre 6, en faisant connaître les dispositions de détail de notre projet.

Après avoir admis, d'après les considérations qui précè- dent, la possibilité d'employer les eaux de la Meuse, la commission des eaux a dû rechercher si elle ne trouverait pas également une solution du problème dans les sources voisines de la ville de Verdun.

On peut dire à priori que cette recherche offrait peu de chances de succès, eu égard à la constitution géologique du sol. La vallée de la Meuse coule, en effet, au milieu de terrains essentiellement perméables, formés par l'étage du calcaire coralien ; toutes les eaux pluviales du bassin ver- sant de cette vallée sont donc absorbées par le sol et ne

peuvent donner lieu à aucune source superficielle importante. La crête des coteaux qui limitent la vallée est seule
couronnée par des argiles, qui appartiennent aux assises
inférieures de l'étage des calcaires à astarts, mais qui occu-
pent une étendue trop faible pour donner naissance à des
sources suffisantes à l'alimentation de la ville de Verdun.

Quelle que fut la valeur de ces considérations géologiques,
la commission des eaux a cru devoir exploiter toutes les
sources connues aux environs de Verdun, en examinant la
possibilité d'augmenter leur débit par des travaux d'amé-
nagement convenablement dirigés ; la sécheresse exception-
nelle de l'été et de l'automne de 1865 a permis à cette visite
de s'effectuer dans les conditions les plus favorables.

La commission a parcouru dans tous les sens les bois
d'Haudainville et de Sommedieue, et, accompagnée des
gardes forestiers, elle a successivement porté son attention
sur les sources et fontaines qui jouissent d'une certaine
notoriété dans le pays. Telles sont en particulier la source
des Aulnois, celle qui est située à gauche du chemin vicinal
de Verdun à Sommedieue, la fontaine du Rouge-Poirier,
celle de la Tuilerie, celle de la maison Forestière de Som-
dieue. La commission a trouvé toutes ces sources, sans
exception, complétement taries ou ne laissant échapper
qu'un filet d'eau à peine perceptible,

Ce n'est qu'en arrivant à Sommedieue qu'on trouve des
sources dont le débit est toujours assuré, même en temps
d'étiage, et pouvant en toute saison fournir à Verdun l'eau
dont a besoin. Mais le ruisseau de Sommedieue, qu'elles
alimentent, est utilisé par un grand nombre d'usines importantes et en pleine voie de prospérité. La ville de Verdun
ne peut donc pas songer à entreprendre l'expropriation
plus ou moins complète de ces établissements industriels,
sans s'exposer à des dépenses exagérées, dans l'hypothèse,
même fort discutable, où elle obtiendrait la déclaration

d'utilité publique, nécessaire pour poursuivre ces expropriations.

Ces sources sont d'ailleurs à un niveau trop bas pour desservir les points culminants de la ville de Verdun ; leurs altitudes constatées par un nivellement de précision, fait sous notre direction, sont les suivantes au-dessus du niveau de la mer :

$$
\begin{array}{lr}
\text{La 1}^{\text{re}}\ldots\ldots\ldots & 238^{\text{m}}\ 99 \\
\text{La 2}^{\text{o}}\ldots\ldots\ldots & 238\ \ \ 82 \\
\text{La 3}^{\text{e}}\ldots\ldots\ldots & 240\ \ \ 72 \\
\text{Soit en moyenne}\ldots\ldots & 239^{\text{m}}\ 51
\end{array}
$$

Or, la hauteur à laquelle les eaux doivent être amenées à Verdun est la côte 232, 00, rapportée au même plan de comparaison. Si l'on tient compte de la pente nécessaire aux conduites sur un développement total de 18 ou 20 kilomètres et des pertes de charge dues aux conduites forcées qu'il serait nécessaire d'établir sur quelques points de ce parcours, on peut donc affirmer hardiment que les sources de Sommedieue sont à un niveau trop bas pour qu'on en amène les eaux au point culminant de Verdun, et qu'après avoir fait une dépense considérable pour conduire ces eaux à Verdun, il faudrait encore recourir à l'emploi de machines, afin de les élever à la ville haute.

Pour ces divers motifs, l'emploi des sources de Sommedieue a du être péremptoirement écarté, malgré l'abondance de leur débit et de leur bonne qualité incontestable.

Après avoir ainsi parcouru les abords de Verdun sur la rive droite de la Meuse, la commission a étendu ses recherches sur la rive gauche, où elle avait à examiner en particulier une double proposition qui lui avait été faite par M. Poulmaire, dans le but d'utiliser des eaux souterraines que cet industriel offrait de vendre à la ville, les unes à Maujouy, près d'Ancemont, les autres à Lempire.

La commission dut écarter ces deux solutions, dont aucune ne pouvait répondre au but qu'elle se proposait. Sans entrer dans l'examen des droits litigieux que M. Poulmaire revendiquait sur la propriété de ces eaux, elle rejeta les offres de cet industriel pour les motifs suivants, consignés sur son procès-verbal du 2 octobre 1865 :

« 1° A Lempire aussi bien qu'à Maujouy, M. Poulmaire
» ne fonde son opinion que sur des appréciations person-
» nelles, plus ou moins plausibles, mais à coup sûr fort
» contestables et qui, en tout état de choses, n'ont été con-
» firmées par aucune expérience.

» 2° En admettant même l'existence de ces eaux souter-
» raines, on resterait dans l'indécision la plus complète sur
» la possibilité d'assurer en toute saison une alimentation
» suffisante à la ville. »

La commission dut enfin discuter une question, à laquelle l'opinion publique paraissait attacher une importance particulière, celle de la possibilité d'utiliser les eaux de la Scance, dit ruisseau de Baleycourt. L'étude de cette question fit, de sa part, l'objet d'un examen spécial et d'une décision longuement motivée dans le rapport rédigé à la date du 7 avril 1866 par l'Ingénieur soussigné.

La commission reconnut que, pour pourvoir aux besoins de la ville dans l'état actuel des choses, on serait forcé de dériver en temps de sécheresse environ la moitié des eaux de la Scance et que, si les besoins de la ville, la population, le nombre des établissements industriels augmentaient, cette quantité deviendrait insuffisante. Il ne s'agissait donc pas, comme l'espéraient les promoteurs de cette idée, d'emprunter au ruisseau un filet d'eau sans apporter de perturbations sérieuses dans son régime ; il fallait au contraire priver la vallée de la Scance de la majeure partie des eaux nécessaires à l'alimentation des hameaux de Baleycourt, Glorieux et Regret, à l'irrigation des prairies qu'elle traverse et à la conservation de la force motrice des usines qu'elle met en mouvement. En résumé, la commission émit l'avis :

« Qu'au point de vue hygiénique, la proximité des eaux
» de la Scance n'est pas un motif suffisant pour faire pros-
» crire l'emploi des eaux de la Meuse, qui sont également
» propres à l'alimentation.;

» Qu'au point de vue technique, ce projet ne présente
» aucun avantage, puisque les eaux ne peuvent arriver à
» la ville haute par la pente naturelle du sol, et qu'un mo-
» teur hydraulique ou autre est inévitable en tout état de
» choses ;

» Qu'au point de vue de la dépense, la dérivation des
» eaux de la Scance entraînerait, pour amener les eaux à
» la porte de la ville, une dépense d'au moins 200,000 fr.,
» qui ne serait compensée que par une économie peu im-
» portante sur les moteurs, et à laquelle viendraient s'ajou-
» ter des indemnités considérables ;

» Qu'enfin, au point de vue administratif, la revendica-
» tion de ces indemnités et surtout l'incertitude qui plane
» sur leur détermination offrent les inconvénients les plus
» graves et sont de nature à détruire les prévisions les plus
» rationnelles. »

Pour ces motifs, la commission rejeta l'emploi des eaux
de la Scance et adopta les conclusions suivantes :

» 1° Les eaux de la Meuse sont bonnes et susceptibles de
» servir à l'alimentation de la ville.

» 2° Parmi les sources situées dans un rayon de 15 à
» 20 kilomètres autour de la ville, aucune d'elles ne réunit
» à la fois les conditions d'altitude et de débit qui permet-
» tent de l'utiliser.

» 3° La proposition de M. Poulmaire, en particulier,
» qui ne repose que sur des hypothèses purement gra-
» tuites, n'est pas susceptible d'être accueillie.

» 4° Il y a donc lieu de s'arrêter définitivement et sans
» hésitation à l'emploi des eaux de la Meuse.

» 5° La prise d'eau devra être effectuée non pas dans le
» lit même de la rivière, mais dans une tranchée ouverte au
» pied de la citadelle, où l'on recueillera l'eau de la rivière
» naturellement filtrée à travers les graviers perméables du
» sous-sol. »

Pour terminer ce qui se rapporte à cette question, nous devons faire remarquer que la distinction généralement établie par le public entre les eaux de source et de rivière est plus spécieuse que réelle. Les rivières ne se composent, en effet, que de la réunion d'une grande quantité de sources, et la qualité de leurs eaux est déterminée par celles des sources mêmes qui les alimentent sur tout leur parcours. Les unes et les autres peuvent être bonnes ou mauvaises, suivant la nature des terrains qu'elles traversent et des sels solubles qu'elles recueillent à leur passage. Quelle que soit leur origine, c'est donc de leur composition chimique que dépend essentiellement leur qualité, et c'est en nous plaçant à ce point de vue que nous avons pu dire, d'après les résultats de nombreuses analyses, que l'eau de la Meuse est excellente pour l'alimentation de la ville de Verdun.

CHAPITRE III.

Volume d'eau à fournir.

Après avoir déterminé la nature des eaux à fournir à la ville, la commission en a fixé la quantité à $1,200^{mc}$ par jour, calculée sur une population actuelle de 12,000 habitants, soit en chiffres ronds à raison de 100 litres par jour et par habitant.

Ce volume est supérieur à celui que les anciens projets

de MM. Hubert et Poulmaire attribuaient à la ville de Verdun. Cependant il ne présente aucune exagération, car la base sur laquelle il repose est celle qui est généralement admise dans les distributions d'eau les plus récentes, faites en France. Le tableau suivant indique comme terme de comparaison la quantité d'eau fournie dans diverses villes.

NOMS DES VILLES.	NATURE des EAUX.	NOMBRE DE LITRÉS par jour et par habitant.
Rome	Sources	944
New-York	Rivière	568
Carcassonne	Rivière	400
Besançon	Sources	246
Dijon	Sources	240
Marseille	Rivière	186
Bordeaux	Sources	170
Gênes	Sources	120
Castelnaudary	Sources	120
Glascow	Lac	100
Londres	Rivière	95
Paris	Mixte	90
Lyon	Rivière	85
Narbonne	Rivière	85
Toulouse	Rivière	78
Genève	Rivière	74
Philadelphie	Rivière	70
Grenoble	Sources	65
Vienne (Isère)	Sources	65
Nantes	Rivière	60
Reims	Rivière	60
Montpellier	Sources	60
Clermont	Sources	55
Edimbourg	Sources	55

L'inspection de ce tableau montre qu'avec 100 litres par jour et par habitant, Verdun occupera un rang moyen sur la liste. Si cette quantité est supérieure à celle qui, dans le début, serait strictement nécessaire, il ne faudra d'ailleurs ni s'en plaindre, ni s'en étonner. Car le besoin d'une large consommation d'eau s'accroît rapidement dans une ville avec la satisfaction qu'on lui donne. A peine une distribution est-elle établie que les habitants ne comprennent plus la possibilité d'en être privés. Dans un exposé des motifs à l'appui d'un projet de loi présenté en 1851, pour favoriser la création de bains et de lavoirs, le Ministre de l'Agriculture, du Commerce et des Travaux publics s'exprimait ainsi : « Les détails recueillis en Angleterre démontrent » incontestablement que les habitudes de propreté et de » dignité extérieure exercent la plus heureuse influence » sur la santé des individus, sur la salubrité des habitations » et sur la moralité des familles, qu'elles peuvent ranimer » quelquefois, qu'elles soutiennent et élèvent toujours les » sentiments de la valeur morale chez ceux qui les adop- » tent. »

C'est donc avec raison que la commission des eaux a tenu compte, dans une mesure raisonnable, non-seulement des exigences présentes, mais encore des besoins futurs. Ce n'est pas qu'il faille, dès l'origine, s'imposer, en vue de l'avenir, des sacrifices exagérés; mais il importe d'adopter, dès le début, des bases assez larges pour que les organes essentiels de la distribution restent appropriés au long et permanent usage auxquels ils sont destinés. A ce point de vue, le chiffre fixé par la commission nous paraît à l'abri de toute critique.

CHAPITRE IV.

Programme du projet.

A la suite de ces études diverses, le programme qu'adopta la commission se résume en ces termes :

1° L'eau employée à l'alimentation de la ville sera celle de la Meuse ;

2° Cette eau sera prise, non pas dans la rivière, mais dans les graviers perméables du sous-sol, en un point convenablement choisi ;

3° Le volume d'eau journalier à fournir à la ville sera de 1200^{mc}.

Ces conclusions furent adoptées à l'unanimité par le conseil municipal de Verdun, dans sa séance du 24 avril 1866. Par la même délibération, le conseil nous fit l'honneur de nous confier l'étude du projet définitif sur les bases qu'il venait de sanctionner par son vote, et auxquelles nous avions donné notre adhésion personnelle sans réserve ni restriction.

Pour compléter cet exposé, il est nécessaire de rappeler quelles furent, en dehors des bases précitées, les questions sur lesquelles la commission crut devoir, par l'organe de son rapporteur, M. le commandant Marchand, appeler l'attention du rédacteur futur du projet, mais sans lui imposer à cet égard aucun mandat impératif. Ces questions étaient les suivantes :

Convient-il d'employer, pour élever les eaux de la Meuse, un moteur hydraulique ou une machine à vapeur ?

Ne serait-il pas avantageux de recourir à l'emploi de

plusieurs réservoirs de distribution, au lieu de se borner à en établir un seul au point culminant de la ville?

N'y aurait-il pas économie à scinder le service de distribution et à établir un double service, l'un pour la ville haute, l'autre pour la ville basse?

Nous répondrons à chacune de ces questions dans le chapitre suivant.

Enfin, comme il était évident, avant même que le projet ne fut étudié, qu'il serait utile de pouvoir placer, soit dans la citadelle, soit dans les massifs des fortifications, une partie des organes de la distribution, M. le Maire de Verdun demanda au Ministre de la Guerre de vouloir bien admettre en principe la possibilité d'établir ces constructions sur le terrain militaire. Par une dépêche en date du 7 février 1866, Son Excellence répondit : « Que le système projeté parais-
» sait devoir procurer des avantages au département de la
» Guerre, et qu'en conséquence il était disposé à en favo-
» riser l'établissement. »

Telles sont les conditions dans lesquelles nous avons entrepris nos études, avec l'autorisation régulière de Son Excellence le Ministre des Travaux publics. Les chapitres suivants feront connaître d'abord les dispositions générales du projet que nous présentons, puis successivement les détails de chacune des parties dont il se compose.

<hr>

CHAPITRE V.

Dispositions générales du projet.

Le projet, réduit à ses parties essentielles, se compose

d'une galerie de prise d'eau creusée dans le Pré-l'Evêque, en amont de la ville, d'un système double de machines à vapeur qui aspirent l'eau et l'élèvent au point culminant de la ville, de deux réservoirs de distribution, construits l'un à la citadelle, l'autre dans le bastion voisin de la porte St-Victor, enfin de trois grandes conduites maîtresses qui mettent en communication ces deux réservoirs et alimentent, au moyen d'une canalisation souterraine, les divers quartiers de la ville.

Il est facile de justifier ces dispositions générales.

Le choix du moteur était la première question à résoudre. La Meuse, qui traverse la ville de Verdun, possède, en effet, plusieurs chutes d'eau, et l'idée d'employer cette force motrice à l'élévation des eaux est séduisante au premier abord, mais elle ne résiste pas à un examen sérieux.

Toutes les chutes de la Meuse à Verdun sont, en effet, utilisées par des établissements industriels important, et il est de toute évidence qu'il serait impossible de créer, soit dans l'intérieur de la ville, soit à une faible distance, une chute nouvelle distincte de celles qui existent aujourd'hui. L'emploi de la force motrice de l'eau n'est donc possible à Verdun qu'à la condition d'acheter ou d'exproprier un ou plusieurs de ces établissements. Or, la nécessité d'acquérir une force motrice minima de 15 chevaux-vapeur, pour élever au réservoir de la citadelle, c'est-à-dire à environ 40 mètres de hauteur, un volume journalier de 1200^{mc}, et l'obligation de prévoir dès le début les éventualités qui, dans un avenir plus ou moins éloigné, amèneront inévitablement l'extension du réseau de canalisation et l'usage d'un volume d'eau plus considérable, ne permettent pas de songer à utiliser une autre chute que celle du Puty, immédiatement en amont du pont Chaussée ; celles du moulin Lévêque et du canal St-Airy sont, en effet, insuffisantes pour subvenir aux exigences, même les plus modérées, d'un service de distribution d'eau à Verdun : **M.** Hubert était déjà arrivé à cette conclusion en 1842 dans son avant-projet, où il donnait seulement à la ville huit à neuf cents mètres cubes d'eau par jour.

Il faut donc de toute nécessité, si l'on veut recourir à l'emploi d'un moteur hydraulique, exproprier tout ou partie des moulins du Puty, et approprier ensuite ces bâtiments à leur nouvelle destination. Or, abstraction faite de l'inconvénient de troubler dans son exploitation, sans obligation absolue, l'une des industries importantes de Verdun, on peut affirmer, sans même rédiger une estimation détaillée de la dépense, que ces frais d'acquisition et de premier établissement seraient considérables.

Mais cette dépense, quelle qu'en soit la valeur exacte, ne serait pas la seule. En effet, chaque hiver en temps de crue, la chute du Puty s'annule d'une manière à peu près complète. Les chômages, dus tant à cette cause qu'aux débacles de glaces et à l'entretien des moteurs hydrauliques, exigeraient donc une machine à vapeur additionnelle, dans le but d'assurer la régularité et la permanence du service de distribution. C'est une conclusion rigoureuse à laquelle on ne saurait échapper, de telle sorte que l'acquisition des moulins du Puty et leur appropriation à leur nouvelle destination, représenteraient, très-approximativement, une addition pure et simple au chiffre de l'évaluation à laquelle s'élève notre projet.

Ce surcroît serait-il du moins compensé par une économie équivalente dans l'avenir ? Certainement non ; il ne faut se faire à cet égard aucune illusion ; les frais de gardiennage et d'entretien sont à peu près les mêmes dans les deux cas, si même ils ne sont pas supérieurs pour un établissement hydraulique dont les moteurs sont moins faciles à visiter chaque jour.

Reste donc uniquement la dépense de combustible

qu'exige l'emploi d'une machine à vapeur ; or, les progrès de la mécanique tendent à diminuer chaque jour la consommation des machines en charbon, et nous sommes en mesure de dire, ainsi qu'on le verra dans la suite de ce rapport, que les machines élévatoires comprises dans notre projet n'entraîneront pas une dépense annuelle de charbon supérieure à 2,500 fr., représentant au maximum un capital total de 50,000 fr. Il faudrait donc, pour qu'il y eut économie à recourir à l'emploi d'un moteur hydraulique, que l'acquisition des moulins du Puty et leur appropriation aux besoins de la ville ne coûtassent pas plus de 50,000 fr. Poser la question en ces termes, c'est la résoudre en faveur de l'emploi des machines à vapeur.

Quand même ces chiffres, que nous croyons à l'abri de toute critique, seraient mis en discussion, l'emploi d'un moteur hydraulique, ou plutôt la nécessité de l'établir au Puty, présenterait encore à un autre point de vue des inconvénients suffisants, suivant nous, pour faire rejeter cette solution.

Dans cette hypothèse, il serait, en effet, impossible d'établir dans le sol des galeries filtrantes à proximité des moteurs, et il faudrait de toute nécessité puiser directement les eaux dans le lit de la rivière, pour les filtrer ensuite au moyen de procédés artificiels. C'est la conclusion à laquelle arrivait autrefois M. Hubert qui, voulant avoir recours à la force motrice de la chute du Puty, était conduit à ajouter à l'estimation de son avant-projet une somme de 40,000 fr. pour l'établissement de huit filtres. C'est un inconvénient capital ; car, indépendamment des frais de premier établissement, les filtres, même les mieux disposés, exigent toujours un entretien difficile et onéreux.

Enfin, les moteurs à vapeur se prêtent avec une merveilleuse facilité à toute augmentation de force motrice qu'exigent les besoins accidentels ou permanents d'une ville, soit

qu'on augmente la détente normale, soit qu'on prolonge
pendant la nuit la durée de leur service, limitée en temps
ordinaire à une journée de 12 heures. Le rendement des
moteurs hydrauliques reste au contraire strictement limité
par la hauteur de chute et le volume du débit, sans qu'il
soit possible de faire varier à volonté aucun de ces deux
éléments.

Pour ces divers motifs, nous avons adopté sans hésitation
l'emploi de machines à vapeur de préférence à des moteurs
hydrauliques.

En ce qui concerne les réservoirs, leur nécessité est
hors de discussion. Un réservoir est, en effet, l'intermé-
diaire obligé entre l'alimentation et la distribution. Il faut
un réservoir, dit M. Dupuis dans son ouvrage, parce que la
consommation est variable, tandis que l'alimentation est
constante. Un réservoir permet d'ailleurs d'interrompre
l'alimentation pour des réparations aux machines élévatoires sans suspendre le service. C'est enfin contre les
incendies une précaution nécessaire qui permet de diriger,
en un instant donné, sur le point menacé, un volume d'eau
considérable. A ces divers titres les réservoirs sont indispensables dans tout système de distribution ; on ne peut
mettre en question que leur nombre, leur emplacement et
leur capacité.

Avant d'aborder l'étude des réservoirs, une question
préliminaire à résoudre était celle de savoir s'il ne convenait pas de diviser la distribution en plusieurs étages comme
la commission des eaux en avait indiqué la possibilité.

Cette division consisterait à partager la ville en deux ou
trois zônes placées à des altitudes différentes, et à diriger
dans chacune d'elles la quantité d'eau nécessaire à ses
besoins, au lieu d'élever en pure perte, au point culminant
de la ville, la totalité des eaux destinées à sa consommation journalière. Cette disposition aurait pour effet de dimi-

nuer, dans une certaine mesure, un quart à un cinquième environ, la force motrice des machines, et par suite la consommation de charbon qu'elles exigeront.

Mais, ce serait une erreur grave que de croire que l'économie générale obtenue dans la dépense de la distribution fût dans le même rapport, et cette disposition présente à Verdun, comme dans presque toutes les villes, de tels inconvénients que nous n'avons pu l'adopter dans notre projet.

« Remarquons, en effet, dit un auteur dont le nom fait autorité et dont la science regrette la perte récente, **M.** Dupuis, Inspecteur général des Ponts et Chaussées, ancien directeur du service municipal de Paris, que si la
» machine élévatoire est située hors du périmètre (c'est ce qui a lieu à Verdun), il faudra presque toujours deux
» tuyaux au lieu d'un pour y conduire l'eau, premier sur-
» croît de dépense ; il faudra un plus grand nombre de
» réservoirs ; ils pourront, il est vrai, être d'une capacité
» moitié moindre ; mais la dépense de construction, d'en-
» tretien, de garde, sera toujours plus élevée ; les diamètres
» des tuyaux de la distribution basse, ayant moins de
» charge, devront être plus grands, sans compter que leur
» développement sera nécessairement plus considérable ;
» si, par exemple, un orifice de la distribution haute se
» trouve très-voisin d'une conduite de la distribution basse,
» on ne pourra profiter de cette circonstance, et l'on sera
» obligé de faire un long branchement pour le rattacher à
» la distribution haute. La division du service entraîne la
» division des machines élévatoires, car tous les systèmes
» de machines ne se prêtent pas à une grande variation de
» puissance, et ceux qui s'y prêtent ne le font qu'en per-
» dant une partie de leurs avantages économiques. Or,
» plus les machines sont petites, moins il y a d'effet utile,
» et plus il y a de dépense de construction.

» Le service de distribution est aussi plus compliqué et

» soumis à plus de chances d'accident. Qu'une grande
» dépense d'eau, par suite d'incendie ou de toute autre
» cause, se fasse dans le quartier haut, il pourra manquer
» d'eau, tandis qu'il n'en manquerait pas s'il n'y avait qu'un
» service. L'excès de pression qui résulte du service unique
» dans les conduites du quartier bas est un avantage qui
» a une certaine valeur. En cas d'incendie, on peut faire
» jaillir l'eau directement sur les toits ; on peut s'en servir
» pour fontaines monumentales, jets d'eau, etc. Enfin, nous
» ne saurions trop insister sur le plus grand développe-
» ment de conduites qu'exige toujours la division des ser-
» vices, développement qui dépend de la position en plan
» des divers étages ; si l'un d'eux se compose de parties
» détachées, éloignées les unes des autres, il est évident
» que les conduites qui les desserviront seront obligées de
» parcourir inutilement, et sur de grandes longueurs, les
» terrains de l'autre service, et qu'il en pourra résulter de
» grandes dépenses dans l'établissement de la canalisa-
» tion. »

Cette page semblerait avoir été écrite pour la ville de Verdun ; car les considérations qui y sont développées sont littéralement applicables à cette localité, où le partage de la distribution en plusieurs étages conduirait inévitablement à diviser la ville en trois zônes, comprenant : la première, les quartiers de la Cathédrale, la seconde, ceux de St-Victor, et la troisième, la ville basse. La dépense à laquelle entraînerait cette complication du système, avec ses trois réservoirs et son triple réseau de distribution, dépasserait largement l'économie qu'on réaliserait en force motrice et grèverait pour toujours l'avenir d'un entretien difficile et dispendieux.

Il faut donc renoncer à cette combinaison et adopter sans hésitation un système unique de distribution.

Cela posé, la configuration générale du sol à Verdun

indique nettement la convenance de deux réservoirs, placés l'un à la citadelle, l'autre à St-Victor, mis en communication par une grande conduite maîtresse qui traversera la ville dans toute sa longueur.

L'utilité d'un double réservoir, l'un au départ, l'autre à l'extrémité d'un réseau unique de distribution, est attestée par des arguments décisifs.

Au moyen d'un double réservoir, on n'a jamais à craindre d'interruption dans le service, même dans les conditions les plus défavorables, celle par exemple d'une réparation à faire dans la conduite maîtresse, et l'on n'a pas besoin d'acheter cette sécurité par le moyen onéreux des conduites doubles.

Avec ce système, on se sert, pour remplir le réservoir d'extrémité placé à un niveau légèrement inférieur, des eaux en excès que laisse couler le réservoir supérieur dans les moments où sommeillent les orifices de distribution, et qui, sans cette disposition, se perdraient par les tuyaux de trop-plein. Puis, lorsque vient l'heure de l'arrosage des rues et qu'il faut pourvoir simultanément à toutes les exigences de la consommation locale, la conduite de jonction des deux réservoirs devient elle-même conduite alimentaire, et le second réservoir restitue à la ville les ressources qu'il avait lentement accumulées. Ce système permet ainsi de diminuer le diamètre des conduites et d'accroître la charge disponible sur les divers orifices, sans augmentation dans le prix total des ouvrages.

La ville de Verdun, par sa topographie, se prête admirablement à la réalisation de ce système. Notre projet comprend donc un réservoir principal établi au point culminant de la ville, dans la citadelle; c'est celui qui recevra directement la totalité des eaux refoulées par le jeu des machines élévatoires.

De ce réservoir part une conduite maîtresse qui, un peu

plus loin, se bifurque, sur la place des Hauts-Fins, en deux conduites principales ; l'une d'elles passe par la place de la Cathédrale et la rue des Prêtres, l'autre par les rues Montgaud, St-Pierre et Mazel ; après ce parcours, elles viennent se confondre de nouveau, près du pont Ste-Croix, en une conduite maîtresse unique, et cette dernière monte enfin par les rues de l'Hôtel-de-Ville, St-Sauveur et St-Victor jusqu'à un second réservoir établi dans le bastion St-Victor à un niveau un peu inférieur au précédent.

En temps normal, les deux réservoirs sont destinés à concourir simultanément à l'alimentation de la ville, en s'aidant mutuellement l'un par l'autre, comme nous l'avons indiqué plus haut. En temps de réparation ou de nettoyage de l'un d'eux, l'autre peut le suppléer dans une large mesure et assurer, sinon tous les services publics, du moins l'arrosage des rues principales et la permanence du débit des concessions particulières. Ce système offrira donc l'avantage précieux de réduire les chômages, du moins ceux qui seraient dus à l'entretien de la distribution, à des proportions tellement inoffensives qu'il ne pourra en résulter aucune privation dans les besoins des habitants, ni même aucune gêne sérieuse dans les habitudes nouvelles qu'ils auraient contractées.

La capacité totale des deux réservoirs est en chiffres ronds de 2100^{mc}, représentant l'approvisionnement normal de la ville pour deux jours environ. Cette réserve, qui est consacrée par l'usage, est suffisante pour que l'entretien des machines élévatoires ne puisse amener aucune interruption dans le service, et pour que, dans les cas les plus défavorables, une suspension du jeu des machines, nécessitée par une réparation importante, se traduise uniquement par une réduction dans la durée de l'arrosage des rues.

Aucune règle absolue ne fixe, il est vrai, cette capacité, qui ne peut jamais être trop considérable et à laquelle le chiffre seul des dépenses assigne une limite supérieure. La réserve de 2100^{mc} que nous avons projetée nous paraît exigée par la prudence; mais ce serait, à notre avis, tomber dans une exagération de précautions inutiles que d'augmenter ce cube déjà considérable.

Telles sont les dispositions essentielles et caractéristiques de notre projet.

Cela posé, le projet présenté se compose de trois parties principales qui, en cours d'exécution, devront constituer autant de lots distincts, concédés chacun à un adjudicataire spécial. Ces lots sont les suivants :

1° Maçonneries et Charpentes...........
- Galerie de prise d'eau.
- Bâtiment des machines.
- Réservoir de la citadelle.
- Réservoir St-Victor.

2° Machines à vapeur.

3° Distribution d'eau...
- Tuyauterie.
- Robinetterie et fontainerie.
- Concessions d'eau particulières.

Nous adopterons le même ordre dans les chapitres suivants, où nous ferons connaître avec détails les dispositions techniques de chacun de ces ouvrages.

CHAPITRE VI.

Prise d'eau.

L'emplacement de la prise d'eau était naturellement désigné par la configuration des lieux en amont de la ville, et c'est de ce côté que nous avons dirigé nos recherches, dans le double but d'obtenir une eau plus pure et de réduire la force motrice nécessaire à son élévation, en la puisant au niveau du bief supérieur des usines de la ville.

La commission des eaux avait indiqué, comme l'emplacement le plus convenable, les terrains militaires situés au pied de la citadelle, près du bureau d'octroi de la Porte-Neuve; ce choix était rationnel : car c'était évidemment le moyen de réduire au strict minimum la longueur de la conduite ascensionnelle, destinée à élever les eaux au bassin de la citadelle; le voisinage du puits du Cornichon, dont l'eau est une des meilleures de Verdun, était en outre un indice probable de la possibilité d'obtenir dans une fouille creusée en cet endroit une eau de bonne qualité.

Malheureusement cette présomption n'a pas été confirmée par le résultat des sondages que nous avons poursuivis pendant tout l'automne de l'année 1866, le long du mur de la citadelle, entre la Porte-Neuve et celle du Cornichon. Six fouilles d'essai, que nous avons successivement ouvertes, ont prouvé que la couche supérieure de ces terrains est un sol rapporté composé de terre, de pierrailles et de décombres de toute sorte; au-dessous on trouve des éboulis provenant des débris de la roche coralienne qui constitue le massif de la Roche, et enfin la sonde s'arrête sur le rocher.

Tel est l'aspect général des couches; mais elles sont loin de se présenter avec cette régularité; car, à mesure qu'on s'éloigne du pied de la Roche dans la direction du canal St-Vanne, on rencontre des alluvions sableuses ou des bancs argileux provenant du colmatage naturel opéré depuis une longue série de siècles par les crues de la rivière.

Or ces couches sableuses et argileuses, souvent mélangées entre elles, s'étendent sur des épaisseurs variables jusqu'au pied de la Roche, où elles alternent avec les éboulis du calcaire coralien. La composition du terrain, révélé par nos sondages, ne présente donc rien de nettement défini ; on y trouve, tantôt du sable corrompu par son contact avec les bancs d'argile, tantôt de l'argile pure, tantôt enfin des débris de pierre dure et résistante, et, par dessus toutes ces couches diverses, un sol rapporté et des décombres de toute espèce sur une épaisseur souvent considérable, puisque sur certains points elle atteint ou dépasse même une profondeur de 2^m.

De cet exposé, il ressort, au-delà de toute évidence, qu'il est impossible de trouver dans ces terrains un sol de filtration dans la véritable acception de ce mot. Si l'eau du puits du Cornichon est bonne, c'est parce que ce puits se trouve probablement creusé dans des éboulis calcaires sans mélange d'argile, et que les épuisements y sont trop restreints pour se faire sentir dans le sol à une grande distance. Mais la variété et l'alternance des couches doivent avoir pour effet inévitable de vicier l'eau à une faible distance de ce puits, et c'est en réalité ce qui a lieu ; car l'eau prise près du bureau d'octroi a une saveur et souvent une odeur désagréables, dues à son contact immédiat avec l'argile. Cet emplacement, quelque convenable qu'il soit à tout autre point de vue, doit donc être péremptoirement écarté comme lieu d'établissement de la prise d'eau.

Sortant ensuite de la ville, nous avons traversé le mur d'enceinte qui longe le canal Saint-Vanne, et dirigé nos sondages sur les deux rives de ce cours. Mais là encore nos essais sont restés infructueux.

Sur la rive gauche, en effet, où nous avons successivement pratiqué cinq fouilles, entre le canal et le mur d'enceinte, dans le voisinage des bains militaires, nous avons retrouvé un sol analogue à celui que nous avions rencontré au pied de la citadelle, et même généralement plus défavorable, car le sable y est encore plus rare.

Sur la rive droite, règne un banc de terre végétale ou d'argile d'une grande puissance; son épaisseur, à 100^m du canal atteint $3^m,20$, et ce n'est qu'à une profondeur de 3 ou 4 mètres que la sonde accuse la présence du gravier.

Il est donc impossible d'établir la prise d'eau aux abords du canal St-Vanne, et, quel que fût notre désir de placer cet ouvrage le plus près possible du réservoir, nous avons dû continuer nos recherches en nous éloignant de la citadelle.

Nous avons été ainsi conduit à entreprendre de nouvelles fouilles d'essai sur les deux rives du bras principal de la Meuse, en amont de l'écluse St-Nicolas. Celles que nous avons faites sur la rive droite au lieudit le Quartelier, dans le pré de M. Dony, n'ont conduit à aucun résultat satisfaisant. Mais sur la rive droite nous avons enfin réussi à trouver un sol de filtration qui ne laissait rien à désirer, et c'est là, dans un pré appartenant à M. Pâris, que nous avons établi notre puisard définitif d'essai, à 50^m environ de la rivière.

Les dragages faits dans cette fouille ont prouvé que, sous une couche de terre végétale d'une faible épaisseur, règne un massif de gravier qui descend à un niveau inférieur à celui des fondations de la prise d'eau. Ce gravier, d'une grosseur moyenne, passablement compact et parfaitement exempt de terre et de toute matière étrangère, est éminemment propre à la filtration des eaux. Il s'étend d'ailleurs dans des conditions de pureté identiques sur une longueur considérable, et on n'a pas à redouter l'inconvénient d'aspirer, par un épuisement prolongé, des eaux qui auraient séjourné sur des bancs de glaise et de tourbe, tels qu'on en rencontre au Quartelier, et qui n'auraient subi qu'une filtration insuffisante.

Pour plus de sécurité, nous avons laissé cette fouille ouverte tout l'été 1867 ; l'eau qu'on y a puisée est toujours restée d'une limpidité parfaite, sans odeur ni saveur. Enfin nous avons choisi le moment des plus fortes chaleurs de l'été, celui où l'on aurait pu craindre que l'eau de la rivière ne fut corrompue par les herbes qui en tapissent le lit, pour opérer dans cette fouille un épuisement que nous avons prolongé pendant plusieurs jours et pour en retirer un échantillon d'eau destiné à l'analyse chimique.

M. Neucourt, de Verdun, a bien voulu se charger de ce soin. Ses constatations sont trop importantes pour que nous omettions d'en transcrire textuellement le résultat ; elles concordent pleinement avec celles qui, dans le début, avaient été faites d'une manière plus générale sur les eaux de la Meuse, et qui avaient décidé de leur emploi. Elles étaient néanmoins nécessaires, puisqu'elles portaient cette fois sur un échantillon choisi précisément dans les conditions où l'eau sera fournie à la ville.

« Cette eau, dit M. Neucourt dans une note écrite qu'il
» nous a remise le 28 juin 1867, dose à l'hydro-
» timètre. 22°,5

   » L'eau de la Meuse dosait à la même époque. . 21°,5
» et celle du ruisseau de Baleycourt . . . . 24°,0

Rappelons, en passant, que le 0 de l'échelle indique de l'eau distillée, chimiquement pure, que le degré hydrotimétrique est d'autant plus élevé que l'eau contient une plus grande quantité de substances étrangères, et enfin que de l'eau, dont le degré ne dépasse pas 25°, est une eau de bonne qualité, puisque celle de la Dhuis, récemment amenée de la Champagne à Paris et prise comme terme de comparaison, marque 23°.

   « L'eau puisée dans la fouille contenait par litre :
» Oxygène 10cmc,20

» Acide carbonique libre et combiné. . . . 1^{gr},15

» ou en volume. . . . . 76^{cmc},27

» Chaux. . . . . 0^{gr},18

» Magnésie. . . . . des traces.

» Acide sulfurique. . . . . des traces.

» Chlore. . . . . 0^{gr},04

» Silice . . . . 0,^{gr}03

» Phosphate de chaux. . . . . 0^{gr},006

» Les réactions pour la recherche des matières organi-
» ques, soit par le chlorure d'or, soit par le permanganate
» de potasse, le plus sensible de tous les réactifs, sont res-
» tées nulles.

» La recherche des nitrates, par le procédé Desbassyns
» de Richemont, n'a amené aucun résultat, soit dans l'eau
» telle qu'elle avait été puisée, soit dans l'eau concentrée.

» De ces recherches, on est en droit de conclure que
» cette eau est d'excellente qualité ; comme boisson elle est
» d'une digestion légère, elle ne caillebote pas par le savon,
» et doit par conséquent bien cuire les légumes. Au point
» de vue industriel, elle se recommande enfin par le peu
» d'élévation de son degré hydrotimétrique et par l'absence
» presque complète de sels solubles de chaux et de ma-
» gnésie. »

En présence de ces constatations, qui prouvent la bonne
qualité de l'eau que nous avons obtenue dans nos derniers
sondages et même sa supériorité sur celle du ruisseau de
Baleycourt, nous n'avons pas hésité à adopter définitivement, pour y établir la prise d'eau, la rive gauche du bras
principal de la Meuse, en amont de l'écluse St-Nicolas.

Cet emplacement remplit, en outre, une condition nécessaire et indispensable dans toute filtration naturelle ou arti-
ficielle, c'est la possibilité de laver le filtre qui s'engorge
inévitablement après un laps de temps plus ou moins long.
Pour n'avoir pas tenu compte de cette obligation, plusieurs

villes ont vu tarir, sans cause apparente, les prises d'eau qu'elles avaient établies dans des graviers d'alluvion, semblables à ceux où nous avons projeté celle de Verdun ; c'est donc une nécessité impérieuse de laquelle on ne peut songer à s'affranchir.

Or, à Verdun ce lavage se réalisera naturellement, d'abord en temps ordinaire, en vertu de la différence de niveau des biefs d'amont et d'aval du barrage St-Nicolas, qui produit un courant souterrain continu, puis pendant les crues qui concourront à produire le même résultat d'une manière beaucoup plus rapide. Enfin, la possibilité de barrer l'écluse St-Nicolas au moyen d'un jeu de poutrelles, semblable à celui que possède le génie militaire pour la défense de la place, permettra toujours, au besoin de créer des chasses puissantes, qui opéreront un lavage énergique dans la masse filtrante des graviers.

L'emplacement étant ainsi déterminé dans des conditions susceptibles d'offrir toute sécurité pour l'avenir, il ne nous reste plus qu'à faire connaitre le mode de construction de la prise d'eau.

D'après l'exemple des villes de Toulouse et d'Angers, nous avons projeté parallèlement à la rivière, à une distance moyenne de 50 mètres, une galerie d'un mètre de largeur, que nous avons descendue à 4^m au-dessous du sol, soit à 1^m en contrebas du fond du lit de la rivière. L'expérience, aussi bien que le raisonnement, prouvent en effet qu'il y a peu d'avantage à accroître la largeur des galeries filtrantes, et que c'est dans leur approfondissement qu'il faut chercher une augmentation de leur débit.

Quant à la longueur de la galerie, l'expérience de la mise en service public de la distribution pourra seule indiquer les limites les plus convenables à lui assigner. A la suite d'épuisements prolongés pendant plusieurs jours consécutifs, avec une pompe qui débitait environ sept litres à la seconde, c'est-à-dire le quart du volume nécessaire à l'alimentation de la ville, nous n'avons fait baisser que de cinq centimètres le niveau des eaux dans la fouille d'essai qui présentait une longueur de 5 à 6 mètres sur un mètre environ de largeur. Il semblerait donc en résulter qu'une longueur fort restreinte serait suffisante pour assurer l'alimentation de la ville; cependant, pour éviter autant que possible tout mécompte, nous avons cru devoir fixer cette longueur à 20 mètres.

Néanmoins, il est possible qu'elle soit insuffisante, et l'exemple de ce qui s'est passé dans presque toutes les villes, où des galeries semblables ont été établies et où on a dû les allonger à une ou deux reprises différentes, ne nous permet pas d'affirmer que la même éventualité ne se présentera pas dans l'avenir à Verdun. Mais il vaut mieux ne pas faire dans le début une dépense peut-être inutile, bien que relativement peu élevée, et attendre pour cela que la nécessité en ait été démontrée. Ce qu'il importe de remarquer, c'est que :

1° La disposition des lieux se prête à un allongement de galerie considérable et bien supérieur à toutes les exigences futures de l'alimentation de la ville ;

2° Il suffira de déclouer quelques madriers pour prolonger la galerie, et il n'en coûtera pas plus tard un centime de plus qu'aujourd'hui ;

3° La dépense estimée à raison de 300 fr. par mètre courant ne grève pas l'avenir d'une charge menaçante pour les finances de la ville, puisqu'un allongement de 10^m par exemple se traduirait seulement par une dépense peu importante de 3000 fr.

En résumé, la longueur de 20^m nous paraît suffisante ; mais c'est à l'expérience seule, nous le répétons, qu'il faut demander la justification de ce chiffre.

Nous avons placé l'origine d'aval de la galerie aussi près que possible du mur d'enceinte; une distance de 120^m nous a été indiquée par MM. les officiers du Génie, comme la limite inférieure à laquelle il convenait de s'arrêter, pour que cette construction, établie tout entière en première zône, ne pût, suivant toute probalité, soulever aucune objection critique de la part de l'administration militaire. La galerie commence donc à 120^m du mur d'enceinte, et c'est à partir de ce point qu'on doit compter la longueur de 20^m que nous lui avons assignée.

La nécessité de couvrir la galerie, pour la mettre à l'abri de la malveillance et des inconvénients de la chaleur, est hors de discussion. A Toulouse, où les filtres naturels ont été pour la première fois mis en usage, on avait dans le début négligé cette précaution. Voici en quels termes M. d'Aubuisson, l'habile Ingénieur auquel est due la première application de ce système, rend compte des inconvénients qu'avait entraînés cette omission :

« Les rayons du soleil, traversant sans obstacle une
» couche d'eau mince et parfaitement transparente, attei-
» gnaient le fond dans toute leur intensité; ils y dévelop-
» paient une forte chaleur, laquelle était encore augmentée
» par l'effet de la réverbération des bords et des digues.
» Par suite, la végétation y acquit une vigueur extrême;
» les divers moyens employés pour la détruire furent sans
» effet; des reptiles s'y joignirent, et ces plantes, ces
» animaux, en mourant et se putréfiant dans une eau
» tiède, la rendaient très-mauvaise. Il fallut se presser
» de porter un remède au mal; encore un an et il eut été
» absolument intolérable. L'eau était très-bonne en entrant
» dans le filtre, et vicieuse lorsqu'elle en sortait : la forte
» chaleur et la lumière en étaient la cause manifeste; il
» fallait l'attaquer, on ne le pouvait qu'en couvrant le
» filtre. »

M. d'Aubuisson fait connaître ensuite les moyens qu'il a employés pour couvrir la prise d'eau ; puis il ajoute :

« Depuis que le filtre a été ainsi disposé, la qualité de » ces eaux s'est non-seulement rétablie, mais encore amé- » liorée ; la limpidité et la saveur en sont parfaites. Dans » le fort de l'été, lorsque presque toutes les eaux de nos » contrées ont une odeur ou un goût plus ou moins sen- » sible, celle-ci a toujours été trouvée, par ceux qui sont » descendus dans le regard, vive, bonne et fraîche comme » de l'eau de montagne. Coulant et séjournant quelque » temps à 4^m sous terre et à 40^m de la rivière, elle prend » une température qui ne varie qu'entre des limites assez » rapprochées : dans l'été, elle n'a pas porté le thermo- » mètre (centigrade) au-dessus de 17°, et, dans le long et » rigoureux hiver de 1830, après vingt-cinq jours de fortes » gelées, et le gel ayant pénétré à plus de 1^m au-dessous de » la superficie du terrain qui la recouvre, elle n'a fait des- » cendre le thermomètre qu'à 8°, avantage précieux : frai- » che en été, elle présente une boisson agréable à sa sortie » des fontaines ; chaude en hiver, elle garantit nos con- » duites des effets de la gelée. »

Nous avons tenu à reproduire intégralement ce passage, non-seulement pour démontrer la nécessité de couvrir la galerie, mais encore pour attester incidemment les heureux résultats auxquels on peut arriver par l'emploi des filtres naturels ; ceux de Toulouse datent d'ailleurs de 1827, et leur usage est aujourd'hui sanctionné par une expérience décisive de 40 années.

D'après ces exemples et la nature des alluvions de la Meuse, voici le mode de construction prévu dans notre projet.

Au-dessous de l'étiage, la galerie est formée par deux files de pieux, espacés dans chacune d'elles de 1^m,25 d'axe en axe. Contre les faces extérieures de ces pieux, dressées avec soin, s'appuient des vannages à claire-voie, reliés entre eux par des piquets montants et destinés à empêcher l'introduction du gravier ou des cailloux dans la galerie ; entre ce double cours de vannages est réservé un intervalle libre de 1^m,00 qui constitue en réalité la prise d'eau.

C'est à travers les vides que laisseront entre eux les madriers des vannages et surtout par le fond de la fouille, qui restera dans son état naturel, que se produira l'entrée de l'eau dans la galerie.

Le gravier est d'ailleurs assez compact pour que les dragages puissent y être effectués presque sans talus. On se bornera donc, en cours d'exécution, à donner aux fouilles un léger fruit nécessaire pour éviter les éboulements et, après avoir assemblé les pieux et les vannages, on remplira avec du gravier ou des cailloux bien lavés, les excavations plus ou moins régulières, dûes au défaut de contact des parois des fouilles avec les plans verticaux des vannages. De cette manière on est certain de n'altérer en aucune façon les conditions de filtration du sol naturel.

Enfin, pour assurer la solidarité du système, les pieux sont reliés dans chaque file par des longrines étrésillonnées de distance en distance au moyen de piquets transversaux.

Au-dessus de l'étiage, la galerie est formée par deux murs verticaux en maçonnerie, fondés sur un lit d'enrochements de 0^m,50 d'épaisseur, élevés jusqu'au niveau des plus fortes crues connues et réunis à leur partie supérieure par un cours de dalles jointives qui reposent sur leur couronnement et qui recouvrent ainsi la galerie sur toute sa longueur.

Toute cette construction est noyée dans un massif de terre et de sable provenant du produit des déblais, et protégé lui-même contre les corrosions des crues par un placage en pierres.

Aux deux extrémités de la galerie sont ouverts deux regards fermés par des plaques en fonte, et destinés à permettre de visiter la galerie ainsi que le tuyau d'aspiration dont l'orifice est placé au-dessous du regard d'aval.

Ces dispositions assurent la régularité parfaite de la filtration et mettent la galerie à l'abri de l'introduction directe des eaux de crue de la Meuse, en même temps qu'elles préservent cet ouvrage important contre la malveillance ou toute autre cause de nature à altérer la pureté des eaux. Enfin elles paraissent devoir obtenir sans difficulté l'adhésion de l'administration militaire, adhésion qui sera nécessaire à la ville, puisque cette construction est projetée dans les zônes de fortification.

L'estimation, calculée sur une longueur de 20^m, s'élève, y compris 199 fr. 46 de somme à valoir, à 6000 fr.

CHAPITRE VII.

Bâtiment des machines.

Il eût été à désirer qu'on pût placer les machines immédiatement au-dessus de la prise d'eau ; malheureusement cette disposition est impraticable à Verdun.

Le bâtiment des machines doit en effet être pourvu d'un accès facile, non-seulement pour l'usage du mécanicien et des gens de service, mais encore pour l'approvisionnement du combustible. L'installation de ce bâtiment au-dessus de la prise d'eau exigerait donc, comme conséquence inévitable, l'exécution d'une chaussée insubmersible, dans toute la traversée du Pré-l'Evêque. Ce serait un surcroit de dépense inadmissible.

La construction de ces ouvrages en première zône serait en outre inévitablement rejetée par le génie militaire.

Pour ces divers motifs, nous avons dû écarter cette solution et chercher un emplacement dans l'intérieur de la ville.

Celui qui convient le mieux, tant par sa proximité de la prise d'eau, que par la facilité de ses abords, est le terrain militaire compris entre le quartier de cavalerie et le rempart. Cet espace triangulaire présente des dimensions suffisantes pour l'installation du service des machines; il se trouve en communication directe par la rue Militaire avec le centre de la ville; enfin, bien que situé à un niveau peu élevé, il est insubmersible en temps de crue. Ce terrain est donc parfaitement approprié à la destination que nous voulons lui donner. Il est permis d'espérer que la ville obtiendra de l'administration militaire l'autorisation de l'occuper; la difficulté de trouver un emplacement convenable dans cette partie de la ville nous paraît un motif suffisant pour que Son Excellence le Ministre de la guerre veuille bien faire à la ville cette concession.

Toutefois, un refus, quoique éminemment regrettable, ne se traduirait pas par une impossibilité de mettre à exécution le projet de distribution dans les conditions où nous l'avons conçu, ni même par une augmentation appréciable dans les frais de premier établissement; dans ce cas, il faudrait construire le bâtiment des machines dans le jardin de l'hôpital St-Nicolas, auquel la ville achèterait un terrain suffisant pour cette installation. Mais les machines se trouveraient plus éloignées de la prise d'eau et ce serait là l'inconvénient sérieux de ce changement : car la longueur de la conduite d'aspiration, qui dans notre projet atteint déjà une longueur relativement considérable de 140^m, devrait encore être augmentée et portée à 250^m ou 300^m. Or l'allongement de toute conduite d'aspiration y facilite inévitablement l'introduction de l'air et constitue une cause possible et permanente de diminution dans le rendement des pompes, sans qu'une réduction équivalente dans la longueur de la conduite ascensionnelle soit de nature à compenser cette perte de force motrice. Eloigner les machines de la prise d'eau, c'est donc en réalité s'exposer à une sécurité moins complète pour l'avenir dans le jeu de ces appareils, et c'est à ce point de vue qu'il nous paraît utile d'insister auprès de l'administration militaire, pour obtenir son consentement à cette disposition de notre projet.

Quel que soit son emplacement, le bâtiment projeté se compose de trois parties destinées, celle du milieu aux machines à vapeur avec leurs pompes et les deux autres aux chaudières et au logement du mécanicien. A droite et à gauche, sont un lieu de dépôt pour le combustible et un petit jardin pour le mécanicien. Enfin, derrière et dans l'axe du bâtiment central, s'élève la cheminée.

Le projet de cette construction est traité sans luxe et avec une grande sobriété de détails. Les murs sont prévus en pierre blanche de Saint-Martin, avec un revêtement extérieur en briques; le soubassement, les corniches, les angles des murs et les encadrements des portes et des fenêtres sont seuls projetés en pierre de taille ou en moëllon piqué de Châtillon. La cheminée est également tout entière en briques avec un soubassement et un couronnement en pierre de Châtillon.

Malgré l'esprit d'économie qui a présidé à la rédaction du projet, un effet décoratif suffisant peut être obtenu par la variété des couleurs de la brique et de la pierre et par le soin que nous avons pris de mettre nettement en évidence, sur la façade, la destination des diverses parties de la cons-

truction. Ainsi le bâtiment central, qui est le plus important et qui, par suite de la hauteur à laquelle doit être
placé le balancier des machines, est nécessairement le plus
élevé, est en saillie d'un mètre sur les deux parties latérales. Une grande porte, éclairée par le haut, en constitue
le principal motif de décoration. A droite et à gauche, des
portes de moindre dimension donnent accès aux chaudières et au logement du mécanicien; le bâtiment des chaudières est éclairé par de longues fenêtres, nécessaires pour
donner du jour dans toute la hauteur de la salle où elles
sont installées; de l'autre côté, le corps de logis du méca-
niciens est pourvu de fenêtres, dont les proportions plus
restreintes sont appropriées aux besoins d'une habitation
particulière et que surmontent les lucarnes du grenier. Ces
deux bâtiments latéraux sont couronnés par une corniche
légère, qui se prolonge sous forme de bandeau au-dessus
de la grande porte du bâtiment central, et ce dernier se
termine enfin lui-même par une corniche plus vigoureuse
qui atteste que c'est la partie principale de l'édifice.

Tel est l'aspect général de la construction. Quant à sa
disposition intérieure elle est fort simple. Le bâtiment central et celui de droite ne renferment chacun qu'une grande
salle, destinée à recevoir l'une les machines à vapeur et les
pompes, l'autre les deux chaudières dont l'acquisition
immédiate devra être faite; l'emplacement nécessaire à
une troisième chaudière est en outre réservé, dans le cas
où les besoins ultérieurs de la ville exigeraient cette addition
au projet principal. Enfin le logement du mécanicien se
compose d'un petit vestibule, d'un bureau ouvert au public
pour les abonnements, les demandes, les réclamations et
en général pour toutes les exigences du service municipal,
de trois pièces, dont deux avec cheminée, d'une cuisine
avec une issue distincte sur le derrière du bâtiment, d'une
cave et d'un grenier assez élevé pour qu'on puisse au besoin

y ménager, au moyen de quelques cloisons légères, des chambres d'enfants ou de domestiques.

Les dimensions générales des diverses parties de cette construction ont été concertées à l'avance entre nous et le fournisseur des machines, de manière à nous permettre de dresser une estimation exacte de la dépense. Mais c'est à lui qu'il appartiendra ultérieurement, si la soumission et le projet de traité qu'il nous a remis sont acceptés par le conseil municipal, de présenter les dessins d'exécution nécessaires à l'installation des machines, en particulier les détails des massifs de fondation sur lesquels ces appareils devront être scellés. Nos études ne comprennent donc, en réalité, qu'un avant-projet du bâtiment, assez complet pour qu'on ne puisse éprouver aucun mécompte dans le chiffre de la dépense, mais susceptible d'être légèrement modifié, en cours d'exécution, dans ses dispositions de détails.

Les machines, qui font l'objet du 2e lot des travaux de la distribution, seront décrites dans le chapitre 10. Le bâtiment qui les renferme, avec tous ses accessoires, logement du mécanicien, cheminée, massif de fondation des machines, etc., est seul compris dans le 1er lot des travaux. Son estimation s'élève à 42000 fr., y compris 909 fr. 52 de somme à valoir.

CHAPITRE VIII.

Réservoir de la Citadelle.

Nous avons déjà fait connaître le but des deux réservoirs

de distribution; nous nous bornerons donc ici à la description technique de chacun d'eux.

Le réservoir principal, celui auquel vient aboutir directement la conduite ascensionnelle, ne peut être établi qu'à la Citadelle. Sur le désir exprimé par la commission des eaux, nous avions cherché un emplacement aux abords de la place des Hauts-Fins; mais l'exiguité de cette place et surtout l'impossibilité d'y trouver un sol convenable de fondation, à moins de descendre à des profondeurs excessives et de se lancer dans des dépenses exagérées, ne nous ont pas permis d'adopter cette solution, et nous regardons comme un fait d'une nécessité absolue l'obligation de placer le réservoir supérieur dans l'intérieur de la Citadelle.

L'emplacement que nous avons choisi est à droite de la caserne à 10^m de ce bâtiment; il nous avait été indiqué dans le début par MM. les officiers du génie, comme celui qui paraissait devoir se concilier le plus facilement avec les exigences militaires. Mais si le Génie préférait voir reporter cet ouvrage dans une autre partie de la Citadelle, par exemple du côté de la poudrière, ce changement serait sans importance pour la ville; car les sondages que nous avons faits prouvent que le sol de fondation règne partout à peu près au même niveau. Ce qu'il importe d'obtenir, c'est donc l'autorisation d'établir le réservoir dans la Citadelle, mais en laissant à MM. les officiers du Génie toute liberté de désigner l'emplacement le plus convenable à leur point de vue; il est permis d'espérer que l'autorisation, demandée en ces termes, sera accordée sans difficulté.

Quel que soit son emplacement exact, la hauteur des eaux doit y être fixée à l'altitude 232^m,00, rapportée au niveau de la mer qui a servi de plan de comparaison dans les nivellements du projet. Cette hauteur est en effet celle qui est rigoureusement indispensable, pour permettre de donner de l'eau aux bornes-fontaines et aux rez-de-chaussée des maisons dans la rue Porte-Châtel et dans la partie haute des rues Mautroté et des Prêtres. Elle ne procure pas, il est vrai, la possibilité de desservir le premier étage de ce quartier ; mais cet inconvénient a peu de gravité, car il ne s'étend même pas jusqu'à la hauteur de la rue Rippe et frappe tout au plus une vingtaine d'habitations dont la condition sera déjà sérieusement améliorée, puisqu'elles sont aujourd'hui privées d'eau et qu'elles pourront à l'avenir en être abondamment pourvues en tout temps au niveau de leur cour ou de leur rez-de-chaussée. Le faible avantage que trouveraient ces maisons à être alimentées au 1er étage n'est donc pas en rapport avec l'énorme surcroit de dépense qu'entraînerait cette amélioration et qui serait à peu près proportionnel au carré de la hauteur du réservoir. D'après ces considérations et après divers tâtonnements, nous avons définitivement fixé le niveau des eaux dans le réservoir supérieur à la cote 232^m,00, nécessaire et suffisante pour assurer, dans des limites raisonnables, une légitime satisfaction aux maisons bâties sur le point culminant de la ville.

Cela posé, la capacité totale des réservoirs ayant été fixée, ainsi que nous l'avons dit plus haut, à 2100^{mc}, il convient, pour les nécessités de la distribution, de partager inégalement ce volume entre les deux réservoirs, en attribuant à celui de la citadelle 1200^{mc}, et à celui de St-Victor 900^{mc} environ et en donnant à l'eau une hauteur de 3^m dans chacun d'eux.

Ces dimensions ne sont déterminées par aucune règle absolue. Il est facile de comprendre, en effet, qu'au point de vue des besoins de la distribution, il est toujours avantageux de réduire autant que possible la hauteur de l'eau et d'augmenter sa surface ; car le service devant se faire, même lorsque l'eau descend dans le réservoir à son niveau minimum, le travail nécessaire pour l'élever depuis ce point jusqu'au

trop-plein, est sans aucune utilité ; l'amplitude des oscillations de l'eau dans le réservoir, qui constitue toujours un
inconvénient pour la régularité du service, varie, en outre,
proportionnellement à sa hauteur. Mais, d'autre part, la
surface des réservoirs influe dans une large mesure sur
leur prix de revient, et il faut, par une série de tâtonnements, déterminer la hauteur qui rend la somme des dépenses un minimum.

C'est donc uniquement par une série d'essais successifs
que nous avons pu déterminer le rapport le plus convenable
à établir entre la surface et la profondeur de chaque réservoir. La justification des dimensions que nous leur avons
assignées, dans les limites préalablement fixées à leur capacité totale, résultera de la lecture du chapitre XI, où nous
ferons connaître le résultat des calculs de la distribution et
où nous prouverons que les deux réservoirs projetés peuvent remplir, d'une manière satisfaisante, le rôle que nous
leur avions, dès le début, assigné dans l'ensemble du
projet.

Pour remplir ces conditions diverses et en partie contra-
dictoires, le réservoir de la citadelle doit être construit avec
deux étages. L'étage supérieur constitue le bassin proprement dit, destiné à contenir les eaux, et son radier est au
niveau du sol exterieur, au-dessus duquel il est tout entier
en saillie ; l'étage inférieur a simplement pour but de servir
de fondation au précédent, et il est complètement enterré.
Le tout est en maçonnerie et présente en plan la forme d'un
carré de $21^{m},11$ de côté, mesurés intérieurement au niveau
du radier. Nous avons adopté cette forme, qui est la plus
généralement en usage, bien qu'elle entraîne un cube de
maçonnerie un peu plus élevé que la forme circulaire ou
polygonale, parce qu'elle présente une facilité d'exécution
plus grande et offre plus de sécurité.

On sait à quelles précautions minutieuses est assujettie
la construction des réservoirs en relief sur le sol, à cause
des tristes conséquences que peut produire tout accident
dans ces ouvrages. Voici celles que nous avons adoptées.

Le mur de pourtour a $1^m,40$ d'épaisseur au sommet et
$2^m,00$ au niveau du radier, avec un fruit extérieur d'un
cinquième ; le parement intérieur est vertical et se relie au
radier par un solin de $0^m,50$ de rayon. Un dallage en pierre
de taille de $0^m,20$ d'épaisseur, faisant saillie de $0^m,10$ à l'extérieur, en forme le couronnement.

Au-dessous du radier, ce mur d'enceinte se prolonge avec
le même fruit extérieur jusqu'au rocher, qui constitue un
sol de fondation d'une dureté et d'une résistance parfaites.
Sa base, établie à $3^m,30$ au-dessous du terrain naturel, est
encastrée de $0^m,50$ dans le rocher et présente, y compris
un empatement de $0^m,20$ de chaque côté, une largeur
totale de $3^m,34$.

Le radier a une épaisseur de $0^m,50$; il repose sur des
voûtes d'arête en plein cintre, dont les retombées sont
supportées par des piliers carrés, espacés de 4^m d'axe en axe
et fondés, comme les murs d'enceinte, sur le rocher, dans
lequel ils sont également encastrés sur une épaisseur de
$0^m,50$; ils ont $0^m,80$ de côté au niveau des naissances et
$1^m,40$ à la base, y compris une retraite de $0^m,20$ sur chaque
face.

Indépendamment des points d'appui que les voûtes trou-
veront sur ces piliers et qui, pris isolément, offriraient une
résistance suffisante, elles seront soutenues par le sol naturel, qui, autant que possible, sera intégralement conservé
dans l'espace compris entre ces voûtes et le rocher. A cet
effet, on se bornera à exécuter les fouilles strictement
nécessaires à la construction des murs d'enceinte et des
piliers ; puis, après avoir procédé à la confection de ces
maçonneries, ou remblaiera, au moyen de terre bien

pilonnée, les vides laissés par les fouilles et on se servira enfin du sol naturel, réglé avec soin suivant la forme d'intrados des voûtes et maintenu au besoin par quelques couchis, pour la construction des voûtes.

Telle est la structure générale du réservoir. Les angles des murs de pourtour, le socle formant retraite au niveau du sol et le dallage du couronnement sont en pierre de taille. Le massif du mur d'enceinte, dans la portion en relief sur le sol, ainsi que le radier sont en pierre dure, non gelive, provenant de la contrée dite des Wés, sur le territoire de la commune de Verdun ; au-dessus du radier, les maçonneries sont en pierre de St-Martin. Les chaux hydrauliques de Seilley et de Charleville sont prévues dans la confection des maçonneries, la première au-dessus du sol, la seconde en dessous, et le ciment est substitué à la chaux dans les parements intérieurs du mur d'enceinte, sur une épaisseur de $0^m,50$ et dans tout le radier.

Le mortier de ciment sert en outre à revêtir le parement intérieur du mur et la surface du radier d'enduits, dont les épaisseurs sont respectivement de 2 et de 3 centimètres.

Enfin, un chaînage en fer de $0^m,04$ d'épaisseur, dont les mailles sont réunies par des tirants de $0^m,60$ de profondeur, doit être noyé dans la maçonnerie du mur de pourtour sur toute sa longueur, à 1^m environ en contrebas du couronnement. Cette disposition a pour but de prévenir les effets dangereux des variations de température sur le mur.

Les considérations, que nous avons fait valoir sur la nécessité de couvrir la prise d'eau, nous paraissent littéralement applicables au réservoir ; nous admettrons donc sans contestation que les eaux du bassin supérieur doivent être protégées par une couverture, qui les mette à l'abri de la malveillance et des intempéries de l'air. Malgré l'augmentation de dépense, d'ailleurs relativement peu importante qui en résulte, c'est suivant nous une obligation de laquelle on ne peut s'affranchir, si on tient à conserver aux eaux leur qualité primitive.

Nous avons projeté cette couverture dans le système de M. Belgrand, adopté par les services de Paris et de diverses autres localités et décrit successivement dans deux mémoires de M. Rozat de Mandres (annales des Ponts et Chaussées, années 1859 et 1867). Cette couverture consiste en voûtes d'arête, à deux rangs de briquettes posées à plat avec mortier de ciment, recouvertes d'une chape en ciment et supportées par de petits piliers carrés, également construits en briques et ciment. Les voûtes ont 3^m,80 d'ouverture et 0^m,60 de flèche; les piliers, espacés de 4^m d'axe en axe, ont 0^m,45 d'épaisseur; leur base est élargie au moyen de trois retraites successives de 0^m,05, et ils reposent sur le radier exactement au-dessus de chacun des piliers de fondation de l'étage inférieur.

Les piliers de pourtour s'étendent sur toute la largeur d'une travée; ils sont percés d'arcs doubleaux de 2^m,00 d'ouverture en plein cintre; ils ont comme les piliers carrés 0^m,45 d'épaisseur et supportent les voûtes en berceau qui aboutissent au couronnement des murs sans s'y appuyer. Les piliers du pourtour sont isolés du mur d'enceinte par un vide d'un ou deux centimètres; ils forment ainsi les culées des voûtes d'arête et rendent la couverture tout-à-fait indépendante de l'enceinte. C'est une précaution que les constructeurs regardent aujourd'hui comme indispensable, pour prévenir la poussée produite par la dilatation de la couverture sur le mur de pourtour; cette dilatation a été nettement mise en évidence par l'accident des réservoirs de Passy, dit M. Rozat de Mandres dans un mémoire déjà cité auquel nous empruntons presque textuellement ce passage; car elle a été suffisante pour que des voûtes semblables, qui recouvraient ces réservoirs, se soient soulevées en glissant sur les piliers de pourtour.

4

Les voûtes de la couverture ont une épaisseur totale de 8^{cm}, dont 6 pour les deux briquettes avec leur joint et 2 pour la chape. Le vide des retombées sur chaque pilier est rempli avec de la maçonnerie ordinaire sur 0^m,30 de hauteur, puis avec un béton très maigre jusqu'à l'arrasement des voûtes ; enfin, le tout est recouvert d'une couche de terre de 0^m,30 d'épaisseur, retenue par un petit mur qui couronne le bord extérieur de la couverture et destinée à recevoir un semis.

Les vides laissés par les voûtes en berceau, au-dessus du mur d'enceinte, sont fermés par des cloisons ou des chassis en tôle.

Tel est résumé, dans ses dispositions principales, le mode de construction et de couverture projeté pour le réservoir de la citadelle. Dans ces conditions, la stabilité des diverses parties de cet ouvrage important ne peut donner lieu à aucune inquiétude. Le tracé de la courbe des pressions prouve en effet que, le bassin supérieur étant plein, la charge par centimètre carré sur le sol et les maçonneries de ce mur, au niveau des fondations, ne dépasse pas 2^k. Quant à la charge des piliers supérieurs, elle est de 2^k,87 par centimètre carré sur le radier, et celle des piliers inférieurs de 4^k,50 sur le sol des fondations.

Le réservoir est complété par une petite chambre construite sur l'une des faces et destinée à l'installation et à la manœuvre de la robinetterie ; on y accède naturellement par une porte ouverte au niveau du sol. Cette chambre est traversée par la fontainerie nécessaire pour satisfaire aux quatre conditions du service : l'arrivée de la conduite ascensionnelle, le départ de la conduite alimentaire et la décharge des conduites de trop-plein et de vidange. Les deux dernières, qui sont distinctes à leur sortie du réservoir, se réunissent dans la chambre des robinets en une seule, qui va déboucher dans le fossé des fortifications de la citadelle.

Le tuyau de trop plein, qui doit toujours rester ouvert pour prévenir les accidents, n'est pourvu d'aucun robinet ; les trois autres tuyaux sont munis chacun d'un robinet-vanne, dont la manœuvre est destinée à assurer tous les besoins du service.

Enfin, deux escaliers en fonte permettent de monter, l'un de la chambre des robinets sur la couverture du réservoir, l'autre de descendre dans le bassin pour le nettoyage ou les réparations qu'exige son entretien.

La dépense totale est évaluée à 56500 fr., y compris 1488 fr. 07, de somme à valoir réservée pour dépenses imprévues.

CHAPITRE IX.

Réservoir St-Victor.

Le second réservoir doit être établi dans le quartier St-Victor. L'emplacement le plus convenable à lui assigner, le seul qui réponde pleinement à la destination de cet ouvrage, est le terre-plein du bastion situé à droite de la porte St-Victor. Sur tout autre point voisin, on rencontre en effet des difficultés de fondation, sinon insurmontables, du moins très-sérieuses, ou bien, on s'expose à la nécessité d'une construction fort élevée au-dessus du sol et par suite très dispendieuse. Il est donc de la plus haute importance pour la ville d'obtenir de l'administration de la guerre, que ce réservoir puisse être placé, non pas seulement, comme celui de la citadelle, dans l'étendue des terrains militaires, mais encore dans le bastion même où nous l'avons projeté.

Dans ces circonstances, nous avons dû nous attacher, avant tout, à rendre le projet de ce réservoir acceptable pour le service du Génie, et nous espérons y avoir réussi, si son établissement ne soulève pas une objection de principe radicale et une fin de non recevoir absolue.

Le réservoir St-Victor est, en effet, enterré tout entier dans le sol, en partie sous le terre-plein du bastion et en partie sous la traverse qui divise ce bastion et dont le réservoir occupe la largeur totale. Dans ces conditions, le niveau des eaux peut y être fixé à la côte 224^m,00, c'est-à-dire à 8^m plus bas que dans le réservoir de la citadelle ; cette différence est suffisante pour permettre de réaliser l'alimentation du second réservoir par le premier, et en même temps elle n'est pas trop forte pour s'opposer à ce que le réservoir inférieur ne desserve, au besoin, la presque totalité de la ville. La démonstration de ce fait résultera des calculs du chapitre XI.

Cela posé, la capacité de cet ouvrage ayant été fixée, d'après ce qui a été dit ci-dessus, à 900^{mc}, et la hauteur de l'eau dans le bassin à 3^m, le réservoir doit présenter une surface d'environ 300^{mq}, et son radier doit être établi à la cote 221^m,00.

La forme adoptée est, comme dans le réservoir précédent, la forme rectangulaire, qui présente plus de facilité d'exécution que toute autre ; mais si, par des motifs de convenance, dont il est utile de prévoir la possibilité, le service du génie préférait une forme polygonale, qui épousât mieux les contours du bastion, cette modification serait sans importance pour la ville, et il conviendrait d'y souscrire sans réserve. La forme à donner en plan à cet ouvrage doit donc être, dans une large mesure, subordonnée aux exigences militaires.

Quoiqu'il en soit, ce réservoir devant être de toute manière enterré dans le sol, sa construction est beaucoup plus simple que celle du réservoir de la citadelle et n'est pas assujettie aux mêmes précautions; car les filtrations que les murs pourraient laisser échapper sous terre, quelque regrettables qu'elles fussent, ne seraient pas, comme dans un réservoir en relief sur le sol, une cause permanente de dangers et ne menaceraient en rien la sécurité des quartiers voisins placés à un niveau inférieur.

Les fondations sont projetées sur une couche de pierre qui règne à une profondeur d'environ 4^m sous le sol. Les sondages que nous avons faits dans le bastion St-Victor et que nous avons descendus jusqu'à $11^m,20$ au-dessous du sol ne nous ont pas permis de trouver, même à cette profondeur, le rocher qui, un peu plus loin, vient affleurer les glacis de la place. Ces sondages n'ont accusé que des terrains de remblai ; mais parmi ces remblais de diverses natures, la couche de pierre qu'on rencontre à la côte du radier projeté et qui présente plus d'un mètre d'épaisseur nous paraît suffisante pour les fondations du réservoir ; formée de quartiers de rocher, qui proviennent, suivant toute probabilité, des déblais des fossés de la fortification, et tassée depuis longtemps par le poids des terres supérieures, cette couche règne d'une manière assez uniforme dans tout l'intérieur du bastion et a déjà servi au service du génie comme sol de fondation pour plusieurs ouvrages en maçonnerie, tels que poternes et autres.

C'est donc sur cette couche, mise à découvert par les fouilles, complétée et régalée au besoin par un bétonnage, que le radier du réservoir St-Victor sera directement posé.

Ce réservoir se compose en conséquence d'un seul étage

formé simplement par un mur d'enceinte, un radier et une couverture voûtée.

Le mur d'enceinte présente, sauf modification ultérieure, la forme d'un carré de 17^m,40 de côté, mesurés intérieurement au niveau du radier. Sur le côté qui longe le bord extérieur de la traverse et où il n'est pas soutenu par les terres, il a une épaisseur de 1^m,40 à la partie supérieure et de 2^m à la base, suffisante pour résister à la poussée de l'eau, abstraction faite de tout autre point d'appui ; sur les trois autres côtés où cette poussée est en partie détruite par celle des terres, ces épaisseurs sont respectivement réduites à 1^m,00 et à 1^m,60. Sur les quatre faces, son parement intérieur est d'ailleurs vertical, et le parement extérieur présente un fruit d'un cinquième.

Le radier a une épaisseur uniforme de 0^m,50, comme celui du réservoir de la citadelle. Mais le mode de couverture est différent : les effets de la dilatation ne sont pas à craindre, en effet, dans un réservoir enterré, et il n'est pas nécessaire de rendre la couverture indépendante des murs de pourtour. D'autre part, la nécessité de supporter la traverse en terre, sous laquelle est projeté la moitié du réservoir et l'obligation de permettre, sur l'autre moitié, le passage éventuel de l'artillerie et des troupes exigent des voûtes plus fortes et plus solides.

La couverture se compose donc, sur toute l'étendue du bassin, de voûtes d'arète en briques et ciment qui ont 3^m,55 d'ouverture, avec 0^m,60 de flèche, et dont les épaisseurs sont de 0^m,35 sous la traverse et de 0^m,23 sous le terre-plein du bastion. Les retombées de ces voûtes sont supportées par des piliers carrés de 0^m,80 de côté aux naissances et de 1^m,00 à la base, qui reposent directement sur le radier. Enfin, le vide des retombées sur chaque pilier est rempli avec du béton maigre, et la terre ramenée à son niveau primitif recouvre l'ensemble du bassin.

Un escalier en fonte donne accès dans l'intérieur de cet ouvrage pour son entretien et son nettoyage.

La pierre de taille n'entre dans aucune partie de cet ouvrage : le tout est en moëllons ou en briques. La pierre des Wés est destinée au radier, aux piliers, à l'un des côtés du mur de pourtour, celui qui règne sous la traverse et au parement intérieur des trois autres côtés sur $0^m,50$ d'épaisseur. Le reste du mur, sur ces trois derniers côtés, est en pierre blanche de St-Martin. Les chaux employées sont celles de Seilley et de Charleville ; le ciment est substitué à la chaux dans le radier, les piliers, le parement intérieur de tout le mur d'enceinte, sur $0^m,50$ d'épaisseur, et dans les voûtes en briques de la couverture.

Le mortier de ciment sert en outre à revètir le parement intérieur du mur et la surface du radier d'enduits, dont les épaisseurs sont respectivement de 2 à 3 centimètres.

La robinetterie qui complète le réservoir est logée dans une petite chambre ménagée sous le sol au pied de la traverse. La fontainerie, à laquelle cette chambre donne passage, se compose seulement de trois conduites, l'une qui sert à la fois pour le départ et l'arrivée des eaux de la distribution, et les deux autres pour l'écoulement du trop plein et la vidange du réservoir. Deux robinets-vannes sont placés, l'un sur la conduite d'alimentation, l'autre sur celle de vidange, et se manœuvrent au moyen de clefs.

La chambre des robinets est recouverte par des plaques en fontes, qu'on peut enlever pour y descendre.

La dépense est évaluée à 27500^f y compris $985^f,28$ de somme à valoir.

La forte différence qui existe entre ce prix et celui du réservoir supérieur, établi dans des conditions nécessairement beaucoup plus onéreuses, différence qui est loin d'être en rapport avec leurs contenances, prouve qu'à Verdun il n'en coûte pas davantage pour dédoubler en deux bassins

la capacité totale de 2100ᵐᶜ, nécessaire à la réserve d'eau de
la ville; le chiffre précité de 27500 fr. représenterait, en
effet, approximativement l'augmentation de prix du réservoir supérieur, si on avait voulu lui assigner cette conte-
nance totale. La solution que nous avons adoptée n'aggrave
donc pas les frais d'emmagasinement de l'eau, et l'économie
qu'elle procure sur la tuyauterie, la régularité qu'elle assure
au service de distribution et la charge dont elle permet de
disposer dans les conduites, sont autant de bénéfices acquis
à la ville, sans qu'aucun inconvénient puisse faire regretter
ces avantages.

Tels sont sommairement décrits, dans ce chapitre et les
trois précédents, les divers ouvrages destinés à constituer
le premier lot des travaux de la distribution d'eau. Leur
évaluation se résume ainsi qu'il suit :

1° Prise d'eau........................	6000ᶠ,00
2° Bâtiment des machines..............	42000 »
3° Réservoir de la citadelle...........	56500 »
4° Réservoir St-Victor.................	27500 »
Total..................	132000ᶠ,00

Ces travaux devront faire l'objet d'une adjudication
publique au rabais. Ils constituent un ensemble assez
important et surtout assez homogène, et d'autre part les
prix élémentaires sont assez rémunérateurs, pour qu'on
puisse espérer, si on donne à l'adjudication une publicité
suffisante par son insertion dans les journaux spéciaux,
voir soumissionner des entrepreneurs étrangers au pays.
Il sera seulement essentiel de demander à ceux qui se
présenteront des garanties et des certificats, qui permettent de leur confier en toute sécurité des travaux
dont l'exécution exige autant de soins et de précautions
que celle des réservoirs de distribution.

Le dossier n° 2 du projet, joint à ce rapport, a donc été préparé en vue de cette éventualité et comprend, non-seulement les dessins des ouvrages précités, mais encore toutes les pièces nécessaires à une adjudication publique, avant-métré, bordereau de prix, devis, cahier des charges et détail estimatif de la dépense. La forme adoptée dans la présentation de ces diverses pièces est celle qui est en usage dans le service des Ponts et Chaussées.

CHAPITRE X.

Machines élévatoires.

Le second lot des travaux consiste dans les machines élévatoires avec leurs chaudières, leurs pompes et tous leurs accessoires.

La fourniture de ces appareils ne nous a pas paru susceptible d'une adjudication régulière ; on trouve, en effet, des machines à vapeur à tout prix, et il est hors de doute qu'une adjudication ne soit susceptible de réduire, peut-être même dans une large mesure, les frais de premier établissement. Mais c'est un avantage qu'on s'expose ainsi à acheter à chers deniers ; la première condition que doivent, en effet, remplir des machines destinées à un service public, c'est une appropriation convenable au long et permanent usage auquel elles sont destinées ; il faut qu'elles consomment peu de charbon pour réduire au strict minimum la dépense de combustible, dont restera toujours grevé le budget de la ville, même dans les moments difficiles ; il faut qu'elles

soient d'un entretien facile et commode, pour que le mécanicien qui les dirige puisse surveiller l'état journalier de
tous leurs organes, et effectuer lui-même, sans perte de
temps et sans interruption dans le service, les réparations
courantes qu'elles exigent ; elles doivent enfin, par la régularité de leur marche, par la lenteur de leurs mouvements,
par la confection soignée de tous leurs détails et par la
bonne qualité des matériaux employés à leur construction,
offrir pour l'avenir une sécurité pleine et entière.

Or, ces conditions ne peuvent se trouver remplies que
par des machines d'une exécution parfaite et d'un prix
nécéssairement élevé. En nous plaçant à ce point de vue,
nous ne saurions trop insister sur la distinction qu'il faut
établir entre des machines destinées à un service public et
celles qui doivent être affectées à des usages industriels.
Ces dernières n'exigent pas, en effet, les mêmes garanties :
une interruption dans leur marche, même prolongée, n'a
d'inconvénient que pour leur propriétaire, qui souvent a
pu trouver son intérêt personnel à réduire, à ses risques et
périls, les frais de premier établissement, qui a su à quels
inconvénients il s'exposait et qui, en dernier lieu, est seul
responsable de ses actes. Mais tel n'est pas le cas dans lequel
une ville se trouve placée ; lorsqu'elle veut assurer à ses
habitants le bienfait d'une distribution d'eau, et que, pour
des motifs de convenance ou toute autre raison, elle recourt
à l'emploi de machines à vapeur, elle doit garantir avec
certitude, sous peine de manquer à ses devoirs, l'usage de
ces machines à la génération qui sera appelée à en solder
la dépense et ne pas s'exposer à acquérir, au prix d'une
économie mal entendue, un outillage défectueux.

Telle machine, qui remplirait en apparence les conditions qui lui seraient imposées, et qui même subirait avec
succès les épreuves fixées par un cahier de charges, peut
se détériorer après quelques années de service, si l'habileté

et la loyauté du constructeur qui l'a vendue, ne répondent pas du soin apporté dans l'exécution de ses diverses parties et de la bonne qualité des matériaux qui la composent. C'est donc, suivant nous, un acte de bonne administration, conforme à toutes les règles de la prudence, que de ne pas risquer, en pareil cas, les éventualités d'une adjudication, et de traiter de gré à gré avec un constructeur susceptible d'offrir toutes les garanties désirables.

C'est d'après ces considérations que nous avons été amené à nous mettre en relation avec MM. Farcot, de St-Ouen près Paris, habiles constructeurs, honorablement connus par de nombreux travaux du même genre et titulaires d'une médaille d'honneur à l'exposition universelle de 1867 dans la section des machines à vapeur. Entre autres machines du même genre fournies par eux, on peut citer celles qu'ils ont vendues aux villes de Paris, St-Germain, Orléans, Montauban, la Rochelle, à la Compagnie de l'Est, etc.

En conséquence, nous avons arrêté de gré à gré, soit dans notre correspondance, soit dans nos entretiens avec ces industriels, un projet de traité destiné à être soumis à la sanction du conseil municipal. Ce traité ne constitue qu'un programme auquel devront satisfaire les machines, sans entrer dans aucun détail de construction : l'obligation de laisser au soumissionnaire une responsabilité sérieuse et effective entraîne, en effet, comme conséquence forcée et obligatoire, la nécessité de lui abandonner en même temps le choix des moyens propres à atteindre le but qui lui est imposé par le cahier des charges, dont nous allons indiquer les clauses principales.

La force des machines est déterminée par les besoins même de la distribution. Il faut, en effet, qu'une quantité de 1200^{mc} puisse être élevée en 12 heures, c'est-à-dire sans service de nuit, depuis la cote 194^m, à laquelle les eaux descendront au minimum dans la galerie de prise d'eau jusqu'à la cote 232^m, niveau supérieur des eaux dans les réservoirs de la citadelle. En d'autres termes, les machines doivent élever 28 litres par seconde à une hauteur effective de 38^m, soit à une hauteur totale de 40^m, y compris les pertes de charge dans les conduites d'aspiration et de refoulement, dont le diamètre est de 0^m,25 et la longueur totale de 1050^m. La force rigoureusement nécessaire pour produire ce travail moteur serait de 15 chevaux ; toutefois, pour permettre l'extension ultérieure et inévitable du service municipal, leur force totale est fixée à 20 chevaux, mesurée en eau montée ; on ne pourrait descendre au-dessous de ce chiffre sans manquer aux règles de la prudence et sans s'exposer à de fâcheux mécomptes dans un avenir plus ou moins éloigné.

Cette force est partagée entre deux machines distinctes, mettant chacune en mouvement un équipage de pompes. En temps normal, elles sont destinées à marcher simultanément et à faire le service en 12 heures de jour ; mais elles sont indépendantes l'une de l'autre, et en cas de réparation ou de nettoyage de l'une d'elles, l'autre, prise isolément, peut continuer à produire le même travail en 24 heures, c'est-à-dire au moyen de la simple addition d'un service de nuit.

Pour produire l'effet utile de 10 chevaux qui lui est assigné, chaque machine est projetée suivant le modèle ordinaire de 16 chevaux de la maison Farcot, ralenti pour le service spécial d'élévation d'eau, de manière à ne pas dépasser, dans la marche normale, 26 à 27 tours à la minute et à produire dans ces conditions une puissance de 13 chevaux environ, mesurée sur l'arbre du volant.

Les machines sont à double effet, à balancier et à deux cylindres, système Wolf perfectionné par MM. Farcot, à détente variable et à condensation. Les balanciers sont supportés par un entablement reposant sur quatre colonnes.

Tous les tirants et boulons de scellement des machines sont fournis par le soumissionnaire; mais les maçonneries de fondation qui les supportent ne sont pas à sa charge et sont comprises dans l'estimation du bâtiment des machines. Toutefois, c'est à lui qu'il appartient, dans un délai de deux mois à partir de l'approbation de son traité, de fournir tous les dessins de détail et métrés nécessaires à l'exécution de ces fondations et en général du bâtiment qui les renferme, en vue d'assurer la parfaite stabilité de ses appareils.

Tel est le but des premiers articles du cahier des charges. Les suivants sont relatifs aux pompes, aux chaudières et à tous les accessoires des machines.

Les pompes sont à simple effet pour l'aspiration et à double effet pour le refoulement, c'est-à-dire que, pendant chaque course, soit ascendante, soit descendante des pistons, elles doivent refouler une égale quantité d'eau dans la conduite ascensionnelle. Les pistons sont mis en mouvement par des bielles adaptées directement au balancier. Les clapets ou soupapes d'aspiration et de refoulement doivent être enfin, conformément aux prescriptions du devis, d'un accès facile, d'une réparation commode et disposés de manière à se fermer sans choc.

Chaque machine à vapeur met en mouvement un équipage de pompes, dont elle ne peut être détachée; mais la conduite ascensionnelle est susceptible d'être alimentée, au besoin, par l'un ou l'autre des deux systèmes, séparément, ou par les deux à la fois. L'exécution des fondations et scellements des pompes est d'ailleurs déterminée d'après les mêmes règles que pour les machines à vapeur.

Les générateurs de vapeur, au nombre de deux, construits dans le système de chauffage par gradation de la maison Farcot, sont en tôle et offrent chacun une surface de chauffe dont le devis fixe le minimum à 30^{mq}. Le bâtiment des machines contient en outre, ainsi qu'on l'a vu plus haut, l'emplacement nécessaire pour un troisième générateur, quand l'utilité en sera constatée. Le devis exige que les chaudières soient munies de soupapes de sûreté, sifflets d'alarme, tubes indicateurs de niveau et autres accessoires.

A ces organes essentiels s'ajoutent d'autres appareils de moindre importance, mais cependant nécessaires à la régularité du jeu de machines. Ce sont en premier lieu les réservoirs d'air, destinés à amortir le choc de l'eau dans les conduites et à y éviter les coups de bélier. Chaque équipage de pompes est mis en communication avec deux réservoirs d'air en fonte, susceptibles de résister à une pression de dix atmosphères, et placés l'un à l'extrémité de la conduite d'aspiration, l'autre à l'origine de la conduite d'ascension.

La capacité du réservoir d'air de refoulement est fixée par le devis à un volume suffisant, pour que l'intermittence des coups de piston, pendant la marche de la machine, ne produise pas à l'intérieur une différence de pression de plus d'un mètre, soit 1/10 d'atmosphère. De plus, les réservoirs devront être munis de manomètres, tubes indicateurs de niveau, pompes foulantes et autres accessoires nécessaires.

Près de chacun des réservoirs de refoulement, sont en outre projetés un robinet-vanne et une soupape de sûreté munie d'un siflet d'alarme, destiné à avertir le mécanicien, s'il arrivait que l'on mît en marche les machines, sans avoir préalablement ouvert tous les robinets.

Tels sont les divers appareils qui font l'objet du chapitre 1er du cahier des charges, et que le soumissionnaire doit intégralement livrer, emballer, transporter et installer à ses frais sans aucun recours contre la ville, sous la seule réserve des droits d'octroi, dont il lui sera fait remise, le tout depuis la tubulure du réservoir d'air d'aspiration jusque et y compris celle du réservoir d'air de refoulement. A cette fourniture s'ajoute enfin une rampe de $0^m,80$ de hauteur, pour entourer les volants des machines, un jeu complet des clefs à boulons, limes, marteaux, burins et autres outils nécessaires à l'entretien des machines, ainsi que les pelles, ringards et ustensils utiles au chauffeur, et une collection des principales pièces de rechange qu'exigent les réparations courantes. Tous ces accessoires et leur nombre sont explicitement désignés dans le détail estimatif de cette partie du projet.

Après cette description sommaire des machines et ces indications sur leur mode de construction, le cahier des charges fixe, d'une manière plus spéciale, dans le second chapitre, les épreuves et conditions de garantie auxquelles elles seront soumises. La plus importante de ces clauses est celle qui limite leur consommation en charbon à un poids maximum de 2 kilogrammes de houille de bonne qualité par heure et par force de cheval mesurée en eau montée. C'est une consommation tellement réduite que peu de constructeurs, même parmi les plus habiles, peuvent y souscrire ; il ne faut donc pas se dissimuler que cette condition est fort rigoureuse et qu'elle ne peut être réalisée que par une exécution irréprochable dans toutes les parties de la construction.

Cependant nous avons cru devoir attacher par l'art. 11 du devis une pénalité sévère à l'inobservation de cette clause ; c'était, en effet, la sanction nécessaire du traité, qui peut tout entier se résumer en ces termes : liberté complète laissée au soumissionnaire sous la seule réserve des prescriptions générales du chapitre 1er du devis, mais en même temps reponsabilité sérieuse et effective garantie par le chapitre 2 du même devis.

L'article 11 fixe donc les épreuves auxquelles pourront être soumises les machines, la manière de mesurer leur force motrice en eau montée, le choix du combustible employé aux essais, et entre à cet égard dans des détails circonstanciés qu'il est inutile de reproduire dans ce rapport. Si la consommation dépasse la limite de 2 kilogrammes, la ville peut refuser les machines ; dans ce cas, le devis prévoit les conditions auxquelles elle pourra les conserver en location jusqu'à ce que de nouvelles machines aient été fournies ; mais elle peut aussi à son gré les conserver, en opérant sur leur prix une retenue de 1000 fr. pour chaque augmentation de 100 grammes.

Il est permis d'espérer que ces éventualités fâcheuses ne se réaliseront jamais. Quoiqu'il en soit, il a été nettement stipulé que ces épreuves ne constituent qu'une faculté laissée à la ville de vérifier la consommation de ces machines en charbon et qu'elles n'impliquent pas au constructeur l'obligation de procéder lui-même à ces essais. Cette interprétation résulte non seulement du libellé du devis, mais encore de la correspondance que nous avons échangée avec MM. Farcot, en débattant avec eux de gré à gré les conditions du marché.

Les derniers articles du devis sont relatifs aux délais d'exécution, au mode de paiement et à quelques dispositions accessoires.

Le soumissionnaire doit fournir, un mois après qu'il en aura été requis, toutes les ferrures destinées à être scellées ou engagées dans les maçonneries du bâtiment. Dans un délai de cinq mois, l'appareil complet doit être monté dans ses ateliers, et, trois mois après, son installation dans le bâtiment de la ville doit être entreprise. Enfin, un délai total de dix mois est assigné pour l'achèvement complet. Chaque jour de retard est passible d'une amende de 20 fr.

. Les paiements doivent être faits :

Un quart, après que le fournisseur aura remis tous les dessins mis à sa charge et justifié que les chaudières et les principales pièces de la machine sont commencées ;

Un quart au commencement du délai de garantie ;

Un huitième à l'expiration du premier semestre de l'année de garantie, et le dernier huitième à l'expiration de cette même année.

A ce devis est jointe une estimation à forfait qui résume la nomenclature des appareils que doit fournir le soumissionnaire. Cette estimation se décompose ainsi qu'il suit :

Machines, chaudières, pompes et tous leurs accessoires...............................	75600^f
Outils et pièces de rechange............	1700
Montant du maché........	77300^f
Somme à valoir pour faux-frais éventuels non compris dans le marché.............	700
Total..............	78000^f

Cette estimation et ce cahier de charges ont été acceptés et signés par MM. Farcot, qui nous ont remis en même temps :

1° Une soumission régulière sur timbre, par laquelle ils s'engagent à fournir à la ville de Verdun, moyennant le prix de 77300 fr., les machines et accessoires définis dans le devis en se conformant aux clauses qu'il contient ;

2° Un croquis ou avant-projet des machines qu'ils se proposent d'établir pour atteindre ce but.

Ces diverses pièces constituent le dossier n° 3 du projet de distribution.

Ce traité a été préparé par nous avec l'assentiment de l'administration municipale, et sous toute réserve de l'approbation du conseil ; il a été rédigé dans une forme identique à celle des traités antérieurement passés dans le même but par les villes de la Rochelle et de Montauban avec la maison Farcot. Pour plus de sécurité, et par surcroît de précaution, M. le Maire de Verdun a demandé à ses honorables collègues de ces deux villes divers renseignements que ceux-ci ont bien voulu lui adresser et desquels il résulte :

1° Que l'expérience faite par ces villes n'a révélé aucune modification utile à apporter aux clauses du marché qu'elles avaient passé avec MM. Farcot et que ces constructeurs s'y sont conformés avec une conscience et une loyauté irréprochables ;

2° Que l'exécution des machines, mises en service public dans ces deux villes depuis 1863 à Montauban et 1865 à la Rochelle, ne laisse rien à désirer et assure à l'alimentation une régularité parfaite ;

3° Que leur consommation en charbon non seulement n'a pas dépassé, mais n'a pas même atteint le maximum de 2^k fixé par le devis ; qu'ainsi à Montauban, elle a été seulement de $1^k,325$ au moment des épreuves faites avec beaucoup de soin, au moyen de houilles anglaises, et, depuis cette époque, de $1^k,60$ avec des houilles de moins bonne qualité et avec des pertes de chaleur plus fréquentes que pendant les essais ; que de même enfin à la Rochelle, la consommation n'a pas dépassé $1^k,56$, mesurée comme dans le cas précédent, par heure et par force de cheval, en eau montée.

Ces résultats sont très remarquables ; car ils permettent d'espérer que, suivant toute vraisemblance et probabilité, la dépense en charbon sera réduite à Verdun comme à la Rochelle, à un chiffre moyen de 1^k50 à 1^k60, par force de cheval calculée en travail utile, c'est-à-dire, y compris toute perte due aux frottements des machines et au jeu des pompes.

« Ces machines, dit en particulier M. le maire de Mon-
» tauban, ont eu un plein succès. Leur aspect général est
» monumental, et chaque organe en particulier est cons-
» truit avec un soin et une perfection dignes d'éloges. Dans
» ces machines, enfin, il y aurait beaucoup à imiter, et
» rien ou bien peu à ajouter. »

Les machines destinées à la ville de Verdun sont identiques. Pour mieux fixer les idées à cet égard, indépendamment de la similitude de toutes les pièces du marché
et en particulier du cahier des charges, MM. Farcot ont
expressément stipulé, sur notre demande, dans leur soumission timbrée, que les machines qu'ils fourniraient à
Verdun seraient les mêmes que celles qu'ils avaient vendues
à Montauban et à la Rochelle, et, postérieurement à la
date de leur soumission, ils nous ont encore confirmé par
une lettre particulière cette interprétation qu'ils donnent
d'accord avec nous, sans réserve ni restriction, à toutes
les pièces du traité qu'ils ont signé.

CHAPITRE XI.

Calculs de la canalisation de la ville.

La troisième partie des travaux de la distribution d'eau
consiste dans la canalisation intérieure de la ville avec ses
accessoires de fontainerie et de robinetterie. Mais avant
d'entrer dans les détails relatifs au mode d'exécution de
ces ouvrages, il est nécessaire de justifier préalablement
les hypothèses qui ont servi à calculer les diamètres des

conduites, d'indiquer sommairement la série de ces calculs et d'en faire connaître les principaux résultats.

La première question préjudicielle à résoudre était celle de la répartition du volume journalier de 1200^{mc}, alloué en masse à la ville de Verdun et antérieurement adopté par le Conseil municipal comme une des bases du projet.

Les eaux destinées à une ville servent en effet à trois usages : 1° les besoins domestiques et industriels ; 2° l'assainissement des rues ; 3° l'alimentation des fontaines publiques.

Les premiers sont ceux dont l'évaluation comporte le moins de précision ; ils varient en effet suivant les habitudes d'hygiène et de propreté, l'étendue des maisons, des cours et des jardins, le nombre, la nature et l'importance des industries et bien d'autres circonstances locales. Ce chiffre n'est donc pas susceptible d'une appréciation exacte ; cependant on regarde généralement celui de 20 litres par jour et par tête, comme représentant, le plus habituellement, le volume moyen employé par chaque habitant pour son usage particulier, c'est-à-dire, pour son alimentation et ses besoins domestiques ou industriels. Nous adopterons donc également ce chiffre, auquel il ne faut attribuer, nous le répétons, d'autre valeur que celle d'une approximation, justifiée par l'expérience et consacrée par l'usage. Il est bien entendu, d'ailleurs, que dans ce cube on doit comprendre, non seulement l'eau allouée en vertu de concessions ou d'abonnements particuliers, mais encore celle que chacun peut puiser aux bornes ou fontaines publiques pour sa consommation personnelle.

Le second usage des eaux est celui de l'assainissement ou arrosage des rues. On pratique cette opération en lavant les ruisseaux une ou plusieurs fois par jour, au moyen de bornes-fontaines et de bouches d'écoulement placées sur les points les plus hauts des voies publiques.

Le nombre et la durée des périodes d'arrosage sont des éléments variables suivant les saisons et subordonnés d'ailleurs aux intentions de l'administration municipale. Toutefois, pour limiter à un chiffre raisonnable le volume affecté à cet usage et le maintenir dans un juste rapport avec le cube total de 1200^{mc} alloué par jour à la ville, nous admettons en moyenne deux arrosages, chacun d'une heure, le premier dans la matinée, au moment du balayage, et le second dans la journée. Il est évident, d'ailleurs, que, sans augmenter la dépense annuelle, on pourra pratiquer un troisième arrosage d'une heure, dans la soirée pendant les chaudes journées d'été, et se borner à un seul arrosage le matin durant les temps pluvieux d'hiver. L'application de cette mesure, dont l'expérience révèlera probablement la convenance, ne changerait en aucune façon la durée moyenne de deux heures d'arrosage par jour et les conséquences que nous déduisons de cette hypothèse.

Quant au volume à fournir par chaque borne, il est beaucoup moins susceptible d'être laissé à l'arbitraire, et il est déterminé par des règles plus positives. Il faut en effet, que le débit des orifices d'arrosage soit suffisant pour enlever les immondices des ruisseaux et y opérer un lavage efficace; or, l'expérience prouve qu'un débit minimum de 1^{lit},50 par seconde est ordinairement nécessaire pour atteindre ce but; à Paris, cette quantité est même fixée à 8 pouces de fontainier, c'est-à-dire à 1^{lit},75. Cependant les fortes déclivités qui règnent dans une grande partie des rues de Verdun, permettent dans cette ville de réduire légèrement ce chiffre, et nous avons adopté pour tous les orifices d'arrosage un débit moyen de 1^{lit},20.

Sans faire varier cette moyenne, rien ne s'opposera d'ailleurs, si la pratique en démontre l'utilité, à régler à un chiffre plus faible l'écoulement des orifices de la ville haute, où les rues présentent généralement de fortes pentes, tandis qu'on augmentera le débit des bornes de la ville basse, qui, par la faible déclivité de ses rues, se prête à un lavage moins facile.

Enfin, le troisième usage des eaux consiste dans l'alimentation des fontaines publiques, destinées à des puisages particuliers, en même temps qu'à la décoration et à l'assainissement de la ville.

Il est évident que le volume d'eau, affecté à cette dernière destination, est entièrement subordonné aux convenances de l'administration municipale. Cependant, pour fixer les idées, nous avons projeté dans la ville, indépendamment des bornes et orifices d'arrosage, quatre fontaines publiques destinées à couler six heures en moyenne par jour, avec un débit total de 11^{lit} par seconde, répartis de la manière suivante : 3^{lit} par seconde par les deux plus importantes et $2^{lit},5$ pour les deux autres.

Ces évaluations admises, il reste à déterminer les quantités auxquelles chacune d'elles doit s'appliquer.

Le chiffre de la population, accusé par les derniers recensements de la ville, est de 10700 habitants, intra muros. Dans ce chiffre nous comprenons la population flottante et même la garnison; il est naturel, en effet, de prévoir la possibilité d'une demande de l'administration militaire, revendiquant une concession d'eau pour l'alimentation de la troupe en échange des avantages qu'elle procurera à la ville, si elle lui accorde, comme il est permis de l'espérer, l'autorisation d'établir une partie des ouvrages de la distribution sur les terrains militaires. Sans vouloir préjuger les arrangements que l'administration locale pourra prendre avec le département de la Guerre, nous avons donc dû prévoir cette éventualité et en permettre, par les dispositions techniques de notre projet, la réalisation ultérieure.

C'est ainsi que nous arrivons au chiffre de 10700 habitants : une consommation moyenne de 20 litres par tête, appliquée à cette population, conduit à un volume journalier de 214000 litres ou 214^{mc}, et, en y ajoutant 12^{mc} pour le quartier de cavalerie, conformément aux renseignements fournis par MM. les officiers du Génie, on trouve un cube total de 226^{mc} pour l'ensemble des besoins domestiques et industriels de la ville.

Le second usage des eaux, l'arrosage des rues, est celui qui exige la dépense la plus considérable. Nous avons vu, en effet, que le débit des orifices doit être fixé au minimum à un chiffre moyen de 1^{lit},20 par seconde pour produire un lavage efficace dans les ruisseaux. Or, le nombre de ces orifices, soit bornes-fontaines, soit bouches sous-trottoir, est assujetti à une règle encore plus impérieuse que leur débit ; car il faut, de toute nécessité, que ces orifices soient placés au point culminant de chaque ilot de maisons, de manière que les eaux de lavage, se répartissant de chaque côté du sommet, viennent parcourir sur toute leur longueur les ruisseaux qui entourent l'ilot, pour se déverser enfin dans la bouche d'égout établie au point le plus bas du même ilot. Etant donné le relief général d'une ville, c'est donc presque uniquement par des considérations techniques et par des opérations de nivellement qu'on doit fixer le nombre et l'emplacement des orifices d'arrosage nécessaires à l'assainissement de la ville, et, sous peine de s'exposer à manquer le but qu'on veut atteindre, on ne peut guère se guider dans cette détermination par des considérations de convenance locale. C'est une conclusion sur laquelle nous croyons devoir insister, parce que, malgré la simplicité des arguments sur lesquels elle s'appuie, elle est généralement peu comprise dans le public : chaque rue veut avoir sa borne vers son milieu, chaque groupe de maisons la demande au point le plus central. Il faut qu'on sache bien que l'emplacement de ces orifices dépend d'éléments qu'on ne peut pas faire varier à volonté, et, qu'en pareil cas, la faculté d'initiative laissée aux administrations municipales se réduit à peu près au choix à faire, sur un emplacement rigoureusement déterminé, entre une borne-fontaine et une bouche sous-trottoir.

Avant d'aborder cette partie de nos études, nous avons donc dû dresser le plan de toute la ville et procéder à son nivellement général. Sur le plan, nous avons reporté toutes les cotes de niveau des points où la pente des rues change de direction, et où varie par conséquent le sens de l'écoulement des eaux, ainsi que les cotes de tous les points de croisement des rues. Le résultat de ce travail est indiqué sur le plan général qui constitue la pièce n° 2 du 1er dossier ; les cotes n'y sont pas inscrites, il est vrai, parce qu'elles auraient surchargé le plan au point de le rendre illisible, et en second lieu, parce qu'elles sont reproduites sur le profil en long des conduites, pièce n° 16 du 4° dossier. Mais de petites flèches, tracées le long des rues à l'encre bleue, indiquent partout le mode d'écoulement des eaux dans les caniveaux qui bordent les maisons et les cassis qui traversent les voies publiques. De petits ronds bleus représentent en outre les bouches d'égoûts. L'ensemble de ces lignes bleues donne ainsi une indication rigoureusement exacte de l'écoulement superficiel de toutes les eaux dans la ville de Verdun.

Bien que cet écoulement soit susceptible d'être amélioré sur bien des points par la substitution d'égouts aux cassis qui laissent couler les eaux à l'air libre à travers les rues et qui nuisent au bon état de viabilité des voies publiques, nous nous sommes attaché à conserver intégralement, autant que possible, le relief actuel de la ville, et nous n'y avons projeté que quelques légères modifications, rigoureusement indispensables pour assurer le lavage de certaines rues exposées à rester en dehors de l'arrosage; c'est ainsi, par exemple, que les cassis établis d'une part au croisement de la rue de la Belle-Vierge et de la rue des Prêtres, et d'autre part, à la rencontre de la rue Montgaud et de la place Chevert, devront être supprimés ou modifiés pour permettre le lavage des rues de la Belle-Vierge et Chevert. Peut-être aussi quelques égouts, dont nous ne connaissons ni l'état ni les dimensions, devront-ils être restaurés ou agrandis. Mais ces travaux accessoires, inévitables dans toute distribution d'eau, seront limités à un chiffre sans importance, et cette dépense sera facilement imputée sur l'une des sommes à valoir réservées pour imprévisions. Chaque amélioration doit venir à son heure, et c'est à l'avenir qu'il appartient de laisser la charge de supprimer les cassis, de régler d'une manière plus convenable l'écoulement superficiel des eaux et de doter la ville d'un réseau complet d'égouts, qui, plus tard, deviendra le complément nécessaire de l'arrosage et de l'assainissement de la ville.

Ce nivellement et les études qui s'y rattachent nous ont donc fait connaître le nombre et l'emplacement des orifices nécessaires pour le lavage des rues ; quelques ruelles et impasses d'une très faible longueur sont seules exceptées de cet arrosage général; mais aucune rue, même d'importance secondaire, ne sera privée d'eau de lavage, et ces exceptions, motivées par des considérations d'économie, sont tellement restreintes qu'elles nous paraissent négligeables dans l'ensemble du projet.

Par contre, nous avons ajouté quelques bornes dans des rues où les orifices dont nous avions fixé les emplacements, en nous guidant uniquement d'après les considérations techniques qui précèdent, nous semblaient trop écartés pour les besoins de la consommation locale. C'est une convenance à laquelle nous avons dû obéir, surtout dans les quartiers pauvres et, en particulier, dans les rues St-Victor, des Bateliers, Montgaud, où nous avons projeté quelques bornes complémentaires qui n'étaient pas rigoureusement exigées par l'arrosage.

En résumé, le nombre total, ainsi déterminé, des bornes-fontaines ou bouches sous-trottoir, s'élève à 85. Une consommation moyenne de $1^{lit},20$ par seconde, prolongée pendant 2 heures et appliquée à ce nombre d'orifices, donne un produit journalier de 734400^{lit}, soit en chiffres ronds 734^{mc} pour l'assainissement de la ville.

Quant aux fontaines publiques, qui doivent avec les bornes-fontaines, concourir à l'alimentation particulière et aux besoins de l'édilité, et qui sont destinées en même temps à la décoration de la ville, nous les supposons établies sur les place Magdelaine, place Marché, place Chevert et place d'Armes. Le débit des deux premières étant réglé à 3^{lit} et celui des autres $2^{lit},5$ par seconde, l'alimentation de ces fontaines pendant une durée de 6 heures d'écoulement exigera un volume journalier de 237600^{lit}, soit 238^{mc} environ.

Le volume total de 1200^{mc}, attribué par jour à la ville, est donc réparti approximativement, ainsi qu'il suit, entre les usages principaux auxquels l'eau est destinée :

1° Besoins domestiques et industriels....	226^{mc}
2° Arrosage et assainissement..........	734
3° Alimentation des fontaines publiques..	238
Total............	1198^{mc}
Soit en chiffres ronds.......	1200

Cela posé, il est nécessaire de déterminer la répartition

de ce volume entre les diverses rues ou quartiers de la ville pour calculer le diamètre le plus convenable à donner aux conduites.

Il est évident que ce calcul doit être fait, non plus comme les précédents dans l'hypothèse du débit moyen, mais dans celle du débit maximum des tuyaux. D'autre part, on sait que la consommation particulière n'est pas égale à toutes les heures de la journée, et que dans la matinée, par exemple, au moment du lavage intérieur des habitations, elle est plus forte que dans la soirée. D'après cela, nous avons admis, comme base de calcul, que le diamètre des conduites devait être suffisant pour leur permettre de débiter simultanément :

1° L'eau nécessaire à l'écoulement de tous les orifices d'arrosage à raison de $1^{lit},20$ par orifice et par seconde;

2° L'eau exigée par l'alimentation des fontaines publiques;

3° Une quantité d'eau triple de la consommation d'eau moyenne, prévue pour la durée entière de la journée, à raison de 20^{lit} par habitant, soit par conséquent $0^{lit}0014$ par habitant et par seconde.

Tel est le débit maximum en vue duquel les conduites sont projetées.

Toutes ces prévisions sont, dans une certaine mesure, discutables, et nous ne pouvons pas avoir la prétention de régler par anticipation d'une manière rigoureuse et invariable l'usage des eaux dans la ville. Mais ces présomptions s'appuient sur des hypothèses fort plausibles et s'écarteront probablement peu de la réalité des faits, à la condition qu'on veuille bien chercher leur vérification, non pas dans une ou plusieurs journées isolées, mais dans une année entière, c'est-à-dire, dans une période de temps assez longue pour que la succession des saisons d'hiver et d'été permette d'établir, avec une approximation suffisante , des chiffres moyens que l'on puisse comparer en pleine connaissance de cause à ceux que nous venons d'indiquer comme bases de nos calculs de distribution.

Ces hypothèses étant adoptées. nous entrons maintenant dans une série de calculs plus ou moins laborieux , mais d'une exactitude absolue et d'une rigueur mathématique.

L'ensemble de la canalisation se compose , ainsi que nous l'avons dit, d'une conduite principale qui part du réservoir de la Citadelle et se bifurque à la place des Hauts-Fins en deux conduites maîtresses passant l'une par les rues des Prêtres, Châtel et de la Vieille-Prison, l'autre par les rues Montgaud , Chevert, St-Pierre et Mazel. Ces deux conduites se réunissent à la place Mazel, et se confondent de nouveau en une conduite unique, qui se rend enfin par les rues de l'Hôtel-de-Ville, St-Sauveur et St-Victor au second réservoir. De là résulte naturellement la division de la canalisation en trois parties :

1° La conduite maîtresse de la rue des Prêtres avec ses embranchements ;

2° Celle de la rue St-Pierre avec ses embranchements;

3° Celle de la rue St-Victor   id.

Nous avons partagé chacune de ces trois artères en un certain nombre de sections, respectivement limitées aux points de départ des embranchements au moyen desquels desquels elles alimentent les rues latérales et desservent les quartiers qu'elles traversent. Les points de division sont indiqués sur le plan général, les profils et les tableaux de calculs du projet par la série alphabétique des lettres. Dans chacune de ses sections, le débit du tuyau se compose :

1° Du débit en route nécessaire à l'alimentation de la rue comprise entre les limites de la section ;

2° D'un débit d'extrémité égal à celui de l'embranchement qui prend son origine au même point.

Nous avons évalué séparément chacun de ces débits, en

répétant pour chaque section un double calcul analogue à celui que nous avons fait précédemment dans ce rapport pour la ville entière. Le tableau officiel du recensement de la ville nous a fourni dans chaque rue le chiffre de la population indigène et flottante ; d'autre part, nos études antérieures avaient préalablement déterminé la position de tous les orifices d'arrosage ou fontaines publiques. Nous avons donc appliqué à ces divers éléments les évaluations ci-dessus indiquées dans l'hypothèse du débit maximum des conduites, et nous avons ainsi calculé, pour chaque section des trois artères maîtresses, le volume maximum qu'elles auraient à fournir : 1° en route ; 2° à l'extrémité ; ces calculs conduisent en même temps à la détermination des débits maxima de tous les embranchements, lesquels sont respectivement les mêmes que les débits d'extrémité des diverses sections, sur lesquelles ces conduites secondaires prennent leur origine.

Les tableaux de calculs 1, 2 et 3, où se trouve consignée la série de ces diverses opérations, font par conséquent connaître, aussi approximativement que possible, la répartition du volume total des eaux entre les diverses rues ou quartiers de la ville, ainsi que le débit maximum assigné à chaque conduite, et mettent en évidence le rôle que devra jouer dans l'ensemble de la distribution chacune des parties de la canalisation de la ville.

Nous avons ensuite ramené, par la formule pratique de M. Dupuis, le double débit de chaque section à un débit unique d'extrémité. Enfin, après ces opérations préalables, nous avons cherché les diamètres des tuyaux et leurs pertes de charge au moyen des tables de M. Dupuis, qui tiennent compte des légers dépôts formés par l'eau sur les parois des tuyaux après quelques années de service.

Ce dernier problème est susceptible de nombreuses solutions : car des deux éléments qu'il s'agit de déterminer, la perte de charge et le diamètre, on peut théoriquement se donner arbitrairement l'un d'eux et toujours trouver pour le second un résultat rigoureusement exact. Mais dans la pratique interviennent d'autres considérations qui limitent le nombre des solutions et par conséquent celui des tâtonnements.

La première de ces conditions, c'est d'avoir partout une charge suffisante pour les besoins en prévision desquels on établit la distribution. La règle que nous nous sommes imposée dans cet ordre d'idées et qui nous avait déjà guidé dans le choix de la hauteur du réservoir de la citadelle, c'est de pouvoir alimenter les rez-de-chaussée des maisons dans le quartier le plus élevé compris entre la Porte-Chatel et les rues de Rippe et de Cathédrale, et d'élever l'eau dans le reste de la ville aux étages supérieurs des maisons. Ce résultat nous paraît très satisfaisant : on ne pourrait d'ailleurs l'améliorer qu'au prix d'une dépense exagérée, hors de proportion avec l'avantage que trouverait un quartier fort restreint de la ville à être desservi d'une manière plus complète.

En second lieu, le nombre des diamètres employés dans la canalisation doit être assez faible pour permettre, au moyen d'un approvisionnement peu considérable de tuyaux dans les magasins de la ville, les réparations et additions qu'exige la distribution. Nous avons adopté la série suivante : $0^m,32$, $0^m,25$, $0^m,20$, $0^m,15$, 0^m125, $0^m,10$, $0^m,08$, $0^m,06$; nous ne sommes pas descendu au-dessous du diamètre de $0^m,06$; les tuyaux plus petits sont trop exposés à s'engorger et sont d'un entretien difficile. Le seul gros diamètre de cette série, celui de $0^m,32$, n'est employé que sur une longueur de 300^m, et a pour but de réduire au strict minimum la perte de charge entre le réservoir de la Citadelle et la Porte-Chatel.

Enfin, nous avons choisi le pont Ste-Croix comme limite de séparation du service des deux réservoirs, lorsqu'ils seront appelés simultanément à concourir à l'alimentation de la ville. Celui de la Citadelle desservira la rive gauche de la Meuse, et celui de St-Victor la rive droite, y compris le quartier St-Louis.

Nous avons dirigé nos calculs de manière à satisfaire à ces diverses conditions, les unes techniques, les autres locales, et nous avons ainsi déterminé les diamètres successifs de chacune des sections des trois conduites maîtresses, ainsi que les pertes de charge dues au frottement dans ces tuyaux. Ces diverses opérations, et les résultats auxquels elles conduisent, sont consignés sur les feuilles de calculs nos 4, 5 et 6. La quatrième colonne et la quatorzième de chacun de ces tableaux sont les plus importantes, et indiquent les diamètres successifs des diverses sections et la charge disponible à l'extrémité de chacune d'elles ou à l'origine de l'embranchement qui y prend naissance.

Après avoir fait connaître les dispositions des conduites maîtresses, nous allons maintenant décrire celles que nous avons adoptées pour les embranchements soudés sur les artères principales.

Ces voies secondaires d'écoulement ont été projetées dans le même esprit d'économie que le reste du projet. Nous nous sommes attaché à ne comprendre dans notre projet que celles dont l'exécution immédiate est d'une nécessité évidente, soit pour l'assainissement de la ville, soit pour les besoins particuliers ; mais en même temps nous avons combiné toutes les parties du réseau de canalisation en vue de son extension ultérieure et de manière à permettre son accroissement sans surcroît de dépense, lorsque l'utilité en sera reconnue.

C'est ainsi que sur 10000^m de rues, notre projet n'en

comprend que 8000, laissant en dehors 2000ᵐ de rues, dont la canalisation n'est pas nécessaire pour l'arrosage, parce que le lavage s'y pratiquera au moyen de bornes placées dans les rues voisines. Mais nous posons en même temps, comme un principe hors de contestation, qu'on devra opérer successivement la canalisation de ces rues, lorsque des besoins nouveaux s'y révèleront, et en particulier chaque fois que des concessions d'eau y seront demandées. Ce n'est pas d'ailleurs une charge inquiétante pour l'avenir ; car ces 2000ᵐ de canalisation, devant être entièrement exécutés en tuyaux de petit diamètre, représentent seulement une dépense d'une dizaine de mille francs, qui sera peut-être répartie sur une vingtaine d'années ou même davantage.

Il n'y a donc, au point de vue des intérêts de la ville, aucune considération qui doive engager à procéder de suite et indistinctement à la canalisation de toutes les rues. Il convient au contraire, suivant nous, de se borner aujourd'hui aux frais de premier établissement strictement nécessaires, sauf à étendre progressivement la distribution, au moyen d'une dépense dont nous venons d'indiquer la limite supérieure et qui pourrait se traduire par un crédit annuel de cinq à six cents francs inscrit au budget de la ville.

Les embranchements projetés sont les suivants :

1° *Sur la conduite maîtresse de la rue des Prêtres :*

C — Une partie de la rue Mautroté,

D — Rue et place de la Cathédrale,

E — Une partie de la rue de Rippe,

F — Rue de la Belle-Vierge,

G — Rue de la Vieille-Prison et une partie de la rue du Ru,

H — Quai de la Boucherie.

2° *Sur la conduite maîtresse de la rue St-Pierre :*

C' — Une partie de la rue Porte de France, place Chevert et rue St-Maure,

D' — Rue des Capucins,

E' — Place d'Armes,

F' — Rue St-Paul et une partie de la rue Chaussée,

G' — Rue du St-Esprit et une faible partie de la rue Neuve.

3" *Sur la conduite maîtresse de St-Victor :*

L — Une partie des rues du Puty, des Tanneries et des Minimes,

M — Rue du Pont-Neuf et presque toutes les rues du quartier St-Louis,

N — Rue Gérardruc, une partie de la rue des Récolets, de celle des Petits-Frères et Place-Marché,

O — Une partie de la rue des Bateliers,

P — Rue sur l'eau, rue du Rempart et place Maubert,

Q — Une partie de la rue Ozomont.

Parmi ces conduites, deux d'entre elles sont appelées à jouer un rôle spécial et plus important dans la distribution. La première, celle de la rue de la Belle-Vierge, met en communication les deux conduites maîtresses de la rue des Prêtres et de la rue St-Pierre, et leur permet de se suppléer mutuellement en cas de réparation de l'une d'elles. L'autre, celle qui parcourt le quai de la Boucherie, la rue de la Rivière et qui, par le Pont-Neuf, vient aboutir à la conduite maîtresse de St-Victor, a pour but : 1° d'assurer en tout temps l'alimentation du quartier St-Louis indistinctement par l'une quelconque des conduites maîtresses ; 2° d'établir une seconde jonction entre les conduites maîtresses de la rive gauche et celle de la rive droite.

Ces jonctions ne peuvent jamais être trop multipliées et des considérations de dépense forcent seules à en limiter le nombre ; car il faut leur donner un diamètre plus fort que celui d'un simple embranchement et en rapport avec le rôle qu'on veut leur assigner dans l'ensemble de la distribution. Le résultat idéal qu'on doit désirer, c'est de rendre toutes les parties de la canalisation indépendantes les unes des autres, et de voir affluer l'eau de tous les points de la ville à chaque orifice. Cependant, les jonctions que nous avons établies nous paraissent suffisantes pour assurer dans l'avenir une sécurité sérieuse et réduire à des proportions peu inquiétantes la suspension de service causée par la réparation d'une conduite quelconque. D'ailleurs, si l'utilité en est reconnue, on pourra à peu de frais établir de nouvelles jonctions, surtout sur la rive droite, qui en est la moins bien pourvue : le prolongement des conduites, soit de la rue des Bateliers, soit de la rue Ozomont, se prêterait sans difficulté à cette combinaison.

Quoiqu'il en soit, les diamètres et les pertes de charge de tous ces embranchements ont été calculés d'après les mêmes hypothèses et par un procédé identique à celui que nous avons employé ci-dessus pour les diverses sections des conduites maitresses. Ces opérations font l'objet des feuilles de calculs 7 et 8, dressées suivant le même modèle que les tableaux 4, 5 et 6 des conduites maitresses et destinées à indiquer comme eux les diamètres successifs des différents embranchements et la charge disponible à l'extrémité de chacun d'eux.

Les résultats de ces cinq tableaux de calculs ont été représentés graphiquement sur la feuille de profils, pièce n° 16 du 4ᵉ dossier, où nous avons reporté le nivellement de toutes les rues parcourues, soit par les conduites maîtresses, soit par les divers branchements, ainsi que les lignes de charge précédemment calculées dans l'hypothèse du débit maximum des conduites ; toutes les cotes de niveau des rues et des lignes de charge y sont également ment inscrites.

Ce tableau graphique permet donc, par une simple soustraction arithmétique ou par une mesure faite avec un double décimètre, de constater quelle est, en chaque point de chaque conduite maîtresse ou secondaire, la charge disponible, c'est-à-dire la hauteur minima à laquelle les eaux peuvent être élevées. Une simple lecture fournira ce résultat sans aucun calcul avec toute l'approximation qu'on peut obtenir en pareille matière.

Sans insister sur les conséquences qu'on peut déduire de l'inspection de ce tableau, nous nous bornerons à appeler l'attention sur les points suivants :

1° La charge disponible à l'angle des rues Mazel et St-Pierre est de $19^m,63$, et permettra par conséquent, sans modifier l'économie générale du système, de détacher plus tard, si l'utilité en est reconnue, deux embranchements se dirigeant, l'un par la porte Chaussée vers la Galavaude et le faubourg Pavé, l'autre par la future porte St-Paul vers la gare du chemin de fer.

2° La charge disponible au point le plus élevé de la rue St-Victor est de $12^m,80$, et donne toute facilité pour diriger au besoin, comme nous en avons entendu manifester le désir, un embranchement que les propriétaires des jardins situés en dehors de la porte St-Victor pourraient établir à frais collectifs et qui servirait à l'arrosage de ces jardins.

Tous les calculs qui précèdent ont été établis dans l'hypothèse où les réservoirs seraient pleins. Il reste donc, pour compléter cette étude, à rechercher les variations du niveau de l'eau dans les réservoirs et à démontrer que ces oscillations ne peuvent avoir d'influence sérieuse sur le service de distribution. Nous serons en même temps amené à soumettre au calcul l'alimentation des deux réservoirs l'un par l'autre, et à justifier ainsi d'une manière rigoureuse le rôle que nous avons assigné à ces deux ouvrages. Tel sera le but de la dernière partie de ce chapitre.

Nous avons dû commencer par ramener l'ensemble des conduites maîtresses qui réunissent les deux réservoirs à une conduite unique de diamètre équivalent. La série des opérations assez laborieuses que nous avons dû faire pour arriver à ce résultat est indiquée dans le cahier de calculs inséré à la suite des huit tableaux de calculs précités : les notations algébriques qui y sont employées, aussi bien que dans la suite de cette étude, sont celles de l'ouvrage de M. Dupuis (édition de 1865). On trouve, tous calculs faits, que l'ensemble de ces conduites peut être ramené à une conduite unique de diamètre constant, dont la longueur serait de 2270^m et le diamètre de $0^m,175$.

En second lieu nous avons déterminé le débit porté au réservoir inférieur par cette conduite de diamètre constant, quand elle ne débite rien en route pour l'alimentation de la ville. Cette quantité est de $15^{lit},33$ par seconde.

Cela fait, nous avons supposé, pour fixer les idées, que les divers usages de l'eau se répartiraient dans la journée de la manière suivante.

Ecoulement des orifices d'arrosage.

2 heures $\begin{cases} \text{de } 8^h \ 1/2 \text{ à } 9^h \ 1/2 \text{ du matin.} \\ \text{de } 1^h \ 1/2 \text{ à } 2^h \ 1/2 \text{ du soir.} \end{cases}$

Ecoulement des fontaines.

6 heures, de $8^h \ 1/2$ du matin à $3^h \ 1/2$ du soir.

Ecoulement de la consommation particulière.

12 heures, de 6^h du matin à 6^h du soir.

Nous avons donc divisé la journée en six périodes, à savoir :

DÉSIGNATION DES PÉRIODES.	DURÉE.	NATURE DU SERVICE.
1re Période, de 6h matin à 8h 1/2 matin.....	2 h. 1/2	Consommation particulière.
2e Période, de 8h 1/2 matin à 9h 1/2 matin ..	1 h.	Arrosage — Fontaines — Consommation particulière.
3e Période, de 9h 1/2 matin à 1h 1/2 soir....	4 h.	Fontaines — Consommation particulière.
4e Période, de 1h 1/2 soir à 2h 1/2 soir.....	1 h.	Arrosage — Fontaines — Consommation particulière.
5e Période, de 2h 1/2 soir à 6h soir........	3 h. 1/2	Consommation particulièrc.
6e Période, de 6h soir à 6h matin..........	12 h.	Néant.

Puis, pour chacune de ces périodes, nous avons calculé le service des deux réservoirs. Voici le résultat de ces calculs dont la série des opérations est consignée dans les tableaux n° 8.

Première période, de 6ʰ à 8ʰ 1/2 matin. — Le réservoir supérieur perd par seconde :

$5^{lit},22$ pour le service de la consommation particulière,

$12^{lit},46$ pour l'alimentation du réservoir inférieur,

soit $17^{lit},68$ en totalité.

Pendant cette période de 2 h. 1/2, le réservoir supérieur perd donc $159^{mc},1$, abstraction faite de ce qu'il reçoit par le jeu des machines, et le réservoir inférieur reçoit $112^{mc},1$.

Deuxième période, de 8ʰ 1/2 à 9ʰ 1/2 matin. — Cette période est une de celle où la consommation s'élève à son maximum et où les deux réservoirs concourent à fournir à la conduite qui les réunit l'eau qu'elle doit débiter. Nous avons donc d'abord dû déterminer rigoureusement le point de partage des eaux. L'inégalité du 3ᵉ degré, par laquelle nous avons fait ce calcul, nous a conduit à reconnaître que le partage aurait lieu à 1210^m du réservoir supérieur et à 1060^m du réservoir inférieur, mesurés suivant la conduite unique de diamètre équivalent à laquelle nous avions ramené l'ensemble des lignes de jonction des deux réservoirs. Ce point de division se trouve à l'angle du quai de la Boucherie et du pont Sᵗᵉ-Croix, c'est-à-dire, très approximativement au point où nous nous étions dès l'origine proposé de le fixer.

Ce calcul fait, on trouve que le réservoir supérieur doit débiter $63^{lit},01$ par seconde, et le réservoir inférieur $55^{lit},21$.

Pendant cette période de 1 h., le réservoir supérieur perd donc $226^{mc},8$, et le réservoir inférieur $198^{mc},8$, le tout indépendamment du jeu des machines.

Troisième période, de 9ʰ 1/2 matin à 1ʰ 1/2 soir. — Le réservoir supérieur perd par seconde :

16ˡⁱᵗ,22 pour le service de la consommation particulière et des quatre fontaines publiques,

8ˡⁱᵗ,36 pour l'alimentation du réservoir inférieur, soit 24ˡⁱᵗ,58 en totalité.

Le réservoir inférieur reçoit au contraire 8ˡⁱᵗ,36 par seconde.

Pendant cette période de 4 h., le réservoir supérieur perd donc 353ᵐᶜ,9, abstraction faite de ce qu'il reçoit par le jeu des machines, et le réservoir inférieur reçoit 120ᵐᶜ,4.

Quatrième période, de 1ʰ 1/2 à 2ʰ soir. — La 4ᵉ période est idendique à la seconde : le réservoir supérieur perd 226ᵐᶜ,8, et le réservoir inférieur gagne 198ᵐᶜ,8.

Cinquième période, de 2ʰ 1/2 à 6ʰ soir. — La 5ᵉ période ne diffère de la 1ʳᵉ que par la durée; les débits par seconde étant les mêmes, le réservoir supérieur perd, pendant cette durée de 3 h. 1/2, 228ᵐᶜ,8, et le réservoir inférieur reçoit 157ᵐᶜ.

Sixième période, de 6ʰ soir à 6ʰ matin. — Pendant cette période, dix minutes, de 6ʰ à 6ʰ 10' du soir, par exemple, seront consacrées à l'achèvement du remplissage du réservoir inférieur; pendant le reste de la période, le service sera suspendu.

Durant ces dix minutes, la conduite débitera 15ˡⁱᵗ,33 par seconde, et le réservoir supérieur perdra 9ᵐᶜ,2 que gagnera le réservoir inférieur.

En conséquence, les tableaux suivants résument le service des deux réservoirs, en temps normal, pendant les six périodes précitées constituant un total de 24 heures.

1° RÉSERVOIR SUPÉRIEUR.

DÉSIGNATION DES PÉRIODES.	DURÉE.	Gain par la machine alimentaire.	PERTE.	RÉSULTAT		Variation du cube d'eau dans le réservoir.	Variation de la hauteur de l'eau dans le réservoir.
				GAIN.	PERTE.		
1re Période....	2 h. 1/2.	250 mc·	159mc·	91mc·	»	de 1109mc à 1200mc	de 2m,77 à 3m,00
2e Période....	1 h.	100	227	»	127mc·	de 1200 à 1073	de 3m,00 à 2m,68
3e Période....	4 h.	400	354	46	»	de 1073 à 1119	de 2m,68 à 2m,80
4e Période....	1 h.	100	227	»	127	de 1119 à 992	de 2m,80 à 2m,48
5e Période....	5 h. 1/2.	350	223	127	»	de ´992 à 1119	de 2m,48 à 2m,80
6e Période.... {	10min.	0	9	»	9	´de 1119 à 1110	de 2m,80 à 2m,77
	11 h. 50min.	0	0	0	0	»	»
Totaux...	24 h.	1200mc·	1199mc·	264mc·	263mc	»·	»

Cube maximum de l'eau contenue dans le réservoir...... 1200mc

Cube minimum   id.   982

Cube moyen   id.   1108

Hauteur maxima   id. 3m,00

Hauteur minima   id. 2m,47

Hauteur moyenne   id. 2m,77

2° RÉSERVOIR INFÉRIEUR.

DÉSIGNATION DES PÉRIODES.	DURÉE.	GAIN.	PERTE.	Variation du cube d'eau dans le réservoir.	Variation de la hauteur de l'eau dans le réservoir.
1re Période.......	2 h. 1/2	112mc	»	de 788mc à 900mc	de 2m,63 à 3m,00
2e Période.......	1 h.	»	199mc	de 900 à 701	de 3m,00 à 2m,34
3e Période.......	4 h.	120	»	de 701 à 821	de 2m,34 à 2m,74
4e Période.......	1 h.	»	199mc	de 821 à 622	de 2m,74 à 2m,07
5e Période.......	3 h. 1/2	157	»	de 622 à 779	de 2m,07 à 2m,60
6e Période....... {	10min.	9	»	de 779 à 788	de 2n,60 à 2m,63
	11 h. 50min.	»	»	»	»
Totaux.......	24 h.	398mc	398mc	»	»

Cube maximum de l'eau contenue dans le réservoir....... 900mc
Cube minimum   id.   622
Cube moyen   id.   759

Hauteur maxima   id. 3m,00
Hauteur minima   id. 2m,07
Hauteur moyenne   id. 2m,53

Ces calculs justifient la possibilité d'une alimentation convenable de la ville par les deux réservoirs. Les principales conséquences à en déduire sont les suivantes :

1° Dans une journée de 12 h., chaque réservoir reçoit une quantité d'eau sensiblement égale à celle qu'il est appelée à fournir à la ville, et on n'a pas à redouter de voir le réservoir inférieur alimenté d'une manière insuffisante ou bien les eaux du réservoir supérieur se déverser trop abondamment dans le second pour s'écouler en pure perte par le tuyau de trop-plein de ce dernier.

2° Les oscillations du niveau de l'eau, en temps normal, sont sans importance. Dans le réservoir de la Citadelle, l'eau descend en effet au maximum à $0^m,52$ au-dessous de son niveau supérieur, et, dans celui de St-Victor, l'écart le plus considérable est de $0^m,93$. Aux environs de la Porte-Chatel, c'est-à-dire, au point de la ville où la charge disponible est la plus faible, puisqu'elle est seulement de $2^m,02$, mesurée au-dessus du sol vis-à-vis la borne projetée dans la rue Mautroté à 20^m de la rue Porte-Chatel, elle ne descendra donc jamais au-dessous de $1^m,50$, même au moment de l'arrosage des rues, c'est-à-dire du débit maximum. Partout ailleurs, sur la rive gauche de la Meuse, une variation de $0^m,52$ dans la charge disponible est d'ailleurs tout à fait insignifiante, même sur la place de la Cathédrale, et sur la rive droite, où les charges des conduites sont généralement plus fortes, une oscillation maxima de $0^m,93$ dans le réservoir de St-Victor a encore moins d'importance.

Tous les calculs qui précèdent ont été déduits, avec une rigueur algébrique, des prévisions primitives que nous avons faites sur la répartition de l'eau entre les différents usages auxquels elle est destinée. Mais, par suite de l'incertitude inévitable qui règne sur l'exactitude même de ces prévisions, ces calculs ne constituent que de simples approximations : il est évident que dans la pratique les faits ne se réaliseront pas avec la précision mathémathique que nous leur avons assignée; il est possible, par exemple, que la division du service des deux réservoirs se fasse à la place Mazel ou dans la rue de l'Hôtel-de-Ville, au lieu de se produire exactement au pont Ste-Croix; il peut encore arriver que le réservoir St-Victor ne soit rempli que vers 7^h du soir, au lieu de 6^h 10', heure que nous avons indiquée. Mais ces différences sont sans importance dans la pratique. Le but que nous croyons avoir atteint était simplement de prouver que, dans des conditions normales et avec des hypothèses qui s'écarteront peu de la vérité, la distribution pourra fonctionner d'une manière pleinement satisfaisante. Cette démonstration faite par le calcul, c'est à l'expérience seule qu'il faudra ensuite demander de faire connaître les conditions les plus avantageuses du mode et de la durée de l'alimentation des deux réservoirs l'un par l'autre. La conclusion vraiment importante qui ressort de cette étude et la seule qu'on puisse affirmer avec certitude, c'est que le jeu de la distribution sera susceptible de se prêter à toutes les combinaisons qu'exigeront les besoins de la ville et dont l'expérience révèlera la convenance.

CHAPITRE XII.

Tuyauterie.

Tous les calculs du chapitre précédent sont indépendants du mode d'exécution des travaux de canalisation. Nous

abordons maintenant la description technique de la tuyauterie, destinée à constituer avec ses accessoires de fontainerie et de robinetterie le troisième lot. du projet de
distribution.

Ces ouvrages, comme ceux du 2ᵉ lot, nous ont paru
peu susceptible d'une adjudication publique, mais pour
des motifs différents : car la tuyauterie est un objet d'une
fabrication tellement usuelle et d'une vérification si facile,
qu'on peut la mettre en adjudication sans s'exposer aux
mêmes risques que quand il s'agit de machines à vapeur,
dont la fourniture exige le choix d'un habile constructeur.
Les considérations qui nous ont engagé à préparer un
marché de gré à gré pour ces travaux et qui nous déter-
minent à en proposer l'acceptation à l'administration municipale sont les suivantes.

C'est, en premier lieu, la difficulté qu'on éprouve à
mettre indistinctement en adjudication tous les systèmes
de tuyaux ou de robinets. En pareille matière, les brevets
sont nombreux, et, si parmi les systèmes en usage il en
est qui soient tombés dans le domaine public, il en est
d'autres au contraire dont l'application est soumise aux
restrictions légales d'un brevet; c'est ce qui a lieu en
particulier pour les joints en caoutchouc dont nous pro-
jetons l'emploi dans l'assemblage des conduites de la ville
de Verdun. Pour pouvoir procéder à une adjudication, on
est donc réduit à s'abstenir dans la rédaction du projet
d'une solution qu'on juge souvent la plus avantageuse et
la plus convenable, ou bien à acheter préalablement à
l'inventeur du brevet le droit de se servir de son système.
Ce dernier moyen est quelquefois employé; c'est ainsi,
par exemple, que la ville de Valenciennes, récemment
dotée d'une distribution d'eau, avait acheté 10000 francs
à M. l'ingénieur belge Delperdanges, l'autorisation d'employer les bagues en caoutchouc, brevetées au profit de

cet inventeur. Mais, suivant nous, c'est payer trop chèrement la faculté de procéder à une adjudication ; cette dépense préalable nous paraît susceptible d'être évitée, quand on s'adresse pour l'exécution même des travaux au propriétaire du brevet, parce qu'alors il cherche son bénéfice, non pas seulement dans l'exploitation de ce brevet, mais surtout dans la construction des ouvrages qui lui sont concédés.

En second lieu, il est difficile, sans une entente préalable de rendre acceptable pour tout adjudicataire un cahier de charges qui lui prescrive à la fois les travaux de canalisation de la ville, les ouvrages destinés aux concessions des particuliers, et qui lui confie, en outre, l'entretien de la distribution pendant un bail d'une durée déterminée. Ce n'est que par des concessions mutuelles, débattues contradictoirement entre les intéressés, qu'on peut arriver à une solution qui concilie équitablement les intérêts de la ville et ceux d'un adjudicataire, appelé à se charger simultanément de travaux dont l'importance, considérable dans la première année, se réduit à un chiffre minime pendant la période d'entretien, dont l'évaluation contient même un élément à peu près inconnu, le nombre des concessions particulières, et dont il importe cependant au plus haut degré de confier l'ensemble à un soumissionnaire unique. Dans ces conditions toute spéciales, une adjudication offre peu d'avantages, quand elle réussit, et plus souvent elle échoue : c'est ainsi, par exemple, que, dans la ville de Valenciennes déjà citée, on a dû récemment, après trois tentatives infructueuses d'adjudication, et malgré l'abandon d'une partie des clauses du devis primitif, arriver en dernier lieu à traiter de gré à gré et par voie de soumission directe pour les ouvrages de fontainerie et de robinetterie.

Pour ces motifs, nous avons cru devoir écarter l'idée d'une adjudication publique, et, adoptant la même règle de

conduite que pour la fourniture des machines, nous présentons pour le 3ᵉ lot une soumission particulière d'un
industriel important, honorablement connu par de nombreux
travaux antérieurs du même genre, M. Durenne, propriétaire
des usines de Sommevoire (Haute-Marne).

Le traité dont nous avons débattu et arrêté les conditions
avec M. Durenne, sous toute réserve de la sanction du
conseil municipal, comprend quatre parties distinctes :
1° La tuyanterie, 2° La fontainerie et robinetterie, 3° L'entretien de ces ouvrages pendant un bail de six ans, 4° Les
travaux pour concessions particulières. Nous allons successivement examiner chacune d'elles.

La première question que soulève l'étude de la tuyanterie, c'est le choix des tuyaux ou plutôt de leurs joints. Car
les tuyaux en fonte offrent seuls des garanties de durée
et de solidité suffisantes pour être, dans l'état actuel de
la science de l'Ingénieur, employés avec sécurité dans une
ville, et on ne peut mettre en discussion que leur mode
d'assemblage.

Le système de joint dont nous avons fait choix est celui
qui est bréveté en faveur de M. Lavril et qui est exploité
par la maison Durenne. Cette considération est d'ailleurs
une de celles qui nous ont le plus vivement engagé à demander à M. Durenne une soumission pour l'ensemble
des travaux du 3ᵉ lot.

Les tuyaux Lavril sont des tuyaux à emboîtement, dont
les joints sont fermés par des rondelles en caoutchouc,
contre lesquelles s'appuie une contrebride mobile bou-
lonnée elle-même sur une bride fixe faisant corps avec
l'ensemble du système.

L'avantage de ces joints consiste d'abord dans le bas
prix de la matière employée à leur confection, et en second
lieu dans leur élasticité, qui donne aux tuyaux la flexibilité

nécessaire pour suivre les contours des rues sinueuses d'une ville; à Verdun, où les rues rectilignes, si ce n'est dans le quartier Saint-Louis, ne constituent que de rares exceptions, cet avantage, duquel les tuyaux à joints en plomb sont loin de jouir dans la même mesure, nous paraît précieux : car il permet d'éviter un grand nombre de pièces courbes et de sujétions diverses et se traduit ainsi par une réduction sur le prix des conduites.

Ces tuyaux sont en outre d'une pose et d'une réparation faciles, à la portée de tout ouvrier intelligent, sans qu'il soit spécialement exercé à ce métier. Quelques boulons à serrer ou à enlever suffisent pour assembler les conduites ou les détacher. De là résulte une nouvelle économie dans les frais de premier établissement aussi bien que dans ceux d'entretien.

Enfin, l'absence de rigidité dans les conduites leur permet de se plier, non seulement aux accidents du sol, mais encore aux variations de température. L'allongement des conduites sous l'effet de la chaleur, qui est une des causes les plus fréquentes de leur détérioration, s'effectue facilement dans ce système par un simple glissement du tuyau dans la bride mobile qui l'entoure et par une compression plus forte du caoutchouc.

Tels sont les motifs qui nous ont engagé à adopter ce système. Nous n'évaluons pas à moins d'un cinquième l'économie réalisée sur le prix total de la tuyauterie par l'emploi de ces joints en caoutchouc, de préférence aux joints en plomb plus généralement en usage. Comme terme de comparaison, nous adoptons d'ailleurs les prix récemment appliqués dans une localité voisine, à Epernay, où une canalisation complète de la ville, au moyen de tuyaux avec joints en plomb, a été récemment effectuée à la suite d'un marché également conclu de gré à gré avec une maison de Paris bien connue, celle de **MM.** Fortin et

Hertman, adjudicataires actuels des travaux d'entretien de la ville de Paris.

On trouve donc, suivant nous, dans cette solution, un bénéfice d'au moins 18 à 20 mille francs.

Si ce chiffre paraissait exagéré, nous ferions remarquer que d'autres ingénieurs partagent notre manière de voir et estiment même la différence à un chiffre plus élevé. Ainsi, dans une brochure où M. Masquelez, ingénieur en chef du service municipal de la ville de Lille, rend compte de l'exécution des travaux de distribution d'eau de Valenciennes, il évalue l'économie réalisée par l'emploi de joints en caoutchouc d'un système belge, légèrement différent de celui que nous avons choisi, mais cependant parfaitement comparable, à 42880 fr. 62 sur une dépense totale de 179886 fr. 24, soit plus d'un cinquième. Il ajoute : « Nous n'avons eu qu'à nous en louer, tous les avantages » espérés ayant été réalisés, notamment en ce qui con- » cerne l'absence des fuites qui sont si nombreuses au » début de la mise en service des canalisations avec joints » en plomb. Eu égard à la nature du sol, nous pensons » qu'il eût été désastreux d'adopter un système complè- » tement rigide à Valenciennes. »

Cependant les joints en caoutchouc sont moins souvent employés en France que les joints matés en plomb; on leur reproche l'altération possible de la matière dont ils sont formés. C'est une critique qu'il convient de réduire à sa juste valeur.

Sans admettre que la durée du caoutchouc soit indéfinie, on peut en effet la regarder comme très longue; car si on relève des tuyaux Lavril, posés depuis déjà une douzaine d'années, on retrouve le caoutchouc aussi pur que le jour où il a été employé. Seulement on constate qu'une partie de la rondelle reste adhérente au bout mâle et l'autre au bout femelle du tuyau. Cette adhérence est due à la formation d'un sulfure de fer qui enveloppe comme d'une gaîne métallique le caoutchouc et le préserve contre les agents de destruction extérieurs. Elle est même tellement forte qu'il faut employer le burin pour détacher ce mastic de fonte qui atteint une épaisseur d'un millimètre environ.

Ces résultats ne peuvent être obtenus qu'à la condition absolue d'employer du caoutchouc vulcanisé avec 5 p. 0/0 de soufre au maximum ; car lors de la formation du sulfure de fer, il reste encore dans le joint 95 p. 0/0 de caoutchouc pur, qui conserve au système toute son élasticité.

Une vérification très simple permet de s'assurer que cette condition est remplie. Le caoutchouc pur possède, en effet, une densité de 0,93 à 0,94 ; or, l'addition de 5 0/0 de soufre n'élève pas cette densité au-delà de celle de l'eau. Il suffit donc, sans aucune analyse chimique, de jeter les rondelles dans l'eau, pour vérifier leur composition. Celles qui surnagent sont bonnes, les autres doivent être rejetées. Cet essai est prescrit de la manière la plus formelle par le cahier des charges.

Dans ces conditions, l'emploi du caoutchouc nous paraît à l'abri de toute critique sérieuse. Le système que nous avons choisi a été successivement adopté, avec un plein succès, dans les villes de Thouars, St-Maixent, Aix, Pont-l'Evèque, Bolbec, Morlaix, Coulommiers et enfin presque exclusivement dans les communes de la grande banlieue de Paris, Sceaux, Choisy-le-Roi, Thiais, Bagneux, Châtillon, Ivry-sur-Seine. Mais, bien que la canalisation de ces villes, à laquelle il convient encore d'ajouter celle de Tunis en Afrique, exécutée par un ingénieur français, M. Lebiez, représente un ensemble assez important, c'est surtout en Belgique qu'il faut chercher des exemples concluants. Entre autres villes, citons Bruxelles, Malines, Anvers, Ostende. Aussi est-ce en Belgique que la ville de Valenciennes, voulant s'assurer de la durée du caoutchouc, envoya une commission composée d'hommes spéciaux parmi lesquels un savant chimiste, M. Pésier. Dans un rapport en date du 7 février 1862, cette commission constata le bon état de conservation des conduites qu'elle avait visitées et émit des conclusions entièrement favorables à l'emploi du système des joints Belges.

Ces exemples prouvent que, sans être le plus général en France, le système des joints en caoutchouc est justifié, surtout à l'étranger, par de nombreuses applications. En présence des avantages sérieux qu'il offre, et des économies importantes qu'il permet de réaliser sur les frais de premier établissement et d'entretien, nous n'hésitons pas à en proposer exclusivement l'emploi à la ville de Verdun.

Nous avons dû discuter cette question avec quelques développements, parce qu'elle est la plus importante de celles que soulève l'exécution de la tuyauterie. Ce système étant admis, nous allons maintenant résumer brièvement les clauses du traité ou cahier de charges accepté par M. Durenne pour cette partie des travaux.

Les premiers articles indiquent les conditions que la fonte devra remplir, stipulent, en particulier, que tous les tuyaux droits seront coulés debout, et ne font d'exception à cette règle que pour les pièces courbes ou de forme particulière. L'art. 6 fixe ensuite les dimensions, la longueur, l'épaisseur et le poids des tuyaux, conformément aux prescriptions usuelles du service municipal de Paris, qui servent presque toujours de types et de règles en pareil cas.

Les articles suivants sont plus spécialement relatifs à la pose et à la réception des tuyaux. Ils fixent les précautions à prendre dans la confection des tranchées, le nivellement du fond des fouilles, la pose des tuyaux, leur assemblage

et le remblai des tranchées; ils imposent à l'adjudicataire
l'obligation de se conformer aux règlements de voirie et
de police, pris dans l'intérêt de la circulation et de la
sécurité publique. Enfin, ils définissent les essais auxquels
devront être soumis les tuyaux ; ces épreuves consisteront
à soumettre les tuyaux sur place, c'est-à-dire après leur
pose et avant le remblai des tranchées, à une pression de
10 atmosphères, obtenue au moyen de la presse hydraulique et maintenue pendant un quart d'heure, le tout aux
frais de l'entrepreneur.

L'art. 10, qui termine ce chapitre du cahier des charges,
est un des plus importants. Il imprime au traité de la
manière la plus explicite et la plus formelle le caractère
d'un marché à forfait. Ainsi les prix, insérés au bordereau
et acceptés par l'adjudicataire, ne sont susceptibles d'aucune plus-value ni réduction. Tous les faux-frais résultant
de la traversée des ponts, de la rencontre des égoûts, de
la pose éventuelle des conduites dans l'eau, et autres du
même genre, sont à sa charge moyennant les prix con-
sentis; par contre, ces prix ne sont susceptibles d'aucune
réduction, lorsque la pose présente des facilités spéciales
et en particulier dans les rues non pavées.

« D'après cela, dit le devis, pour régler le décompte de
» l'entreprise sur ce chef, on mesurera, suivant leur axe,
» les longueurs totales des conduites, et on appliquera à
» ces longueurs, d'après leurs diamètres, les prix du bor-
» dereau........ Cette règle est absolue et sans exception. »

La ville n'a donc aucune économie à espérer, mais par
contre elle est certaine de ne courir aucune de ces chances
aléatoires qui se présentent si souvent dans la pose des
tuyaux et qui augmentent d'une manière fâcheuse les prévisions les mieux établies.

L'estimation de la tuyauterie, ainsi réglée à un chiffre
invariable, sauf extension du réseau de canalisation, s'élève

à 90126 fr. 30, y compris les conduites d'aspiration et d'ascension mises en communication avec les machines élévatoires et dont le prix n'était pas compris, ainsi qu'il a été dit ci-dessus, dans celui des machines.

CHAPITRE XIII.

Robinetterie et fontainerie.

La seconde partie du traité conclu avec M. Durenne consiste dans la pose et la fourniture des appareils de robinetterie et de fontainerie.

Le cahier des charges fixe d'une manière générale les conditions que devront remplir ces appareils, mais en laissant au constructeur une certaine latitude dans le choix des détails et des moyens propres à atteindre ce but. L'article 11 se borne donc à stipuler que, préalablement à l'exécution des ouvrages, l'adjudicataire devra déposer à la Mairie ou dans tout autre lieu qui lui sera désigné, une série complète de types conformes aux prescriptions du devis et destinés à être soumis à l'approbation de l'administration municipale ou de l'Ingénieur délégué.

Les robinets se divisent en robinets d'arrêt et de décharge. Les premiers ont pour but de fermer et d'isoler les portions de conduites dans lesquelles les réparations sont nécessaires, les seconds sont destinés à en opérer la vidange. On comprend, d'après cette simple définition, que ces robinets ne peuvent jamais être trop nombreux : car ils assurent l'indépendance des diverses parties de la canalisation. Des considérations de dépense forcent donc seules à en limiter le nombre. Cependant des robinets d'arrêt sont à-peu-près indispensables sur les sommets des conduites maîtresses et à l'origine des principaux embranchements. Quant aux robinets de décharge, leur emplacement est rigoureusement déterminé par celui des robinets d'arrêt; il faut, en effet, qu'ils soient placés aux points les plus bas des conduites ou parties de conduites à la vidange desquelles ils sont destinés.

Notre projet comprend 41 robinets d'arrêt d'un diamètre égal à celui des conduites sur lesquelles ils sont placés et 32 robinets de décharge, tous de petit diamètre. La position de ces robinets est indiquée sur le plan général (pièce n° 2) et sur le profil en long des conduites (pièce n° 16) au moyen de signes conventionnels, dont l'explication est donnée par la légende inscrite sur ces dessins.

L'art. 12 du devis, relatif à l'ensemble de la robinetterie, stipule que les robinets de 0^m06 de diamètre et au-dessous pourront seuls être à boisseau ; ceux d'un diamètre supérieur seront à vanne. Les robinets d'arrêt ne doivent apporter aucun retrécissement à la section normale des tuyaux, quand ils sont ouverts ; enfin, tous seront établis de manière à fonctionner convenablement au moyen de simples bouches à clef et sans regard en maçonnerie.

Le prix des robinets comprend leur fourniture, leur pose et la bouche à clef nécessaire pour leur manœuvre. Les regards en maçonnerie que la ville jugerait convenable d'exécuter sont seuls exceptés des prix du bordereau.

Quant à la fontainerie, elle comprend tous les orifices d'arrosage et les quatre fontaines publiques.

Nous avons vu que le nombre et l'emplacement des orifices est déterminé par le relief même de la ville et ne peut varier qu'entre des limites assez étroites. Mais aucune considération technique ne saurait influer sur la répartition du nombre total de ces orifices en bornes-fontaines et en bouches sous-trottoir ; dans cette étude, c'est donc uniquement d'après les convenances locales que nous nous sommes guidé et il est évident que l'administration municipale et le conseil, meilleurs juges que nous des besoins des divers quartiers de la ville, devront vérifier cette partie de notre travail.

Quoiqu'il en soit, nous avons cherché à répartir, aussi bien que possible, les bornes-fontaines, en les multipliant toutefois dans les quartiers les plus pauvres ; c'est ainsi que nous sommes arrivé à diviser le nombre de 85 orifices d'arrosage, assigné à la ville de Verdun par le nivellement de ses rues, en 50 bornes-fontaines et 35 bouches soustrottoir.

Avant de faire connaître les dispositions de détails de ces ouvrages, il est une considération sur laquelle nous croyons devoir appeler l'attention : nous voulons parler de la gratuité du puisage aux bornes-fontaines. Il ne faut pas, suivant nous, que l'espoir, plus ou moins fondé, de voir augmenter le nombre des concessions particulières, engage le conseil municipal à interdire l'accès libre à toute heure des bornes aux habitants de la ville. Une distribution d'eau est avant tout une œuvre d'utilité publique, et on ne doit pas la considérer comme une spéculation et une opération fiscale. Loin de nous l'idée de vouloir interdire à une ville l'intention de chercher, dans le produit des abonnements particuliers, un allégement aux charges qu'elle s'est imposées. Mais, pour déterminer plus sûrement la classe aisée à un sacrifice d'argent, faut-il déshériter des bienfaits d'une large consommation d'eau la classe pauvre qui, dans toute ville, constitue en réalité la majorité? En admettant même, ce qui est fort discutable, qu'on atteindrait ainsi le but qu'on se propose, doit-on marchander la salubrité, l'hygiène et la santé à une partie de la population, dans le seul but de réaliser quelques centaines de francs d'économie annuelle? Bien que cette doctrine ait prévalu dans certaines localités, nous la repoussons de toutes nos forces et avec toute l'énergie de nos convictions. L'administration municipale de Verdun est trop éclairée et trop soucieuse des vrais intérêts de la ville pour ne pas partager cette opinion. C'est donc sans hésitation que nous avons admis en principe la gratuité du puisage aux bornes-fontaines et que nous avons rédigé dans cette prévision les articles du devis relatifs à ces appareils.

En conséquence, les bornes doivent, aux termes de l'art 13 du cahier des charges, remplir les conditions suivantes :

1° Donner l'écoulement par le socle et la cuvette pour le lavage des ruisseaux;

2° Permettre le puisage facultatif et intermittent à repoussoir à toute heure de la journée;

3° Porter le raccord d'incendie et d'arrosage à la lance;

4° Etre munies de moyens faciles de décharge de la colonne pendant les gelées et de l'eau de suintement des organes intérieurs.

Leur hauteur est fixée à 0.75; leur prix comprend la borne complète, posée et prête à fonctionner, avec tous les appareils nécessaires pour remplir les conditions ci-dessus stipulées, les maçonneries de raccords et de scellements, le robinet d'arrêt avec bouche à clef et tabernacle, quatre mètres de tuyau de plomb, enfin la prise d'eau sur la conduite.

Les bouches d'arrosage sont placées en bordures de trottoirs et doivent remplir les mêmes conditions que les bornes-fontaines, à l'exception du puisage facultatif; leur prix comprend également leur pose, fourniture et tous les ouvrages accessoires.

Le cahier des charges fixe ensuite, par l'art. 17, la

nature et la qualité des métaux destinés à être employés dans les appareils de robinetterie et de fontainerie, en particulier la composition des alliages de bronze affectés aux pièces de mécanisme, celle des soudures et enfin les épaisseurs des tuyaux de raccord en plomb.

Quant aux fontaines publiques, projetées indépendamment des bornes-fontaines, elles se composeront d'une ou deux vasques superposées, avec sujets divers de décoration en fonte moulée et un ou plusieurs jets d'eau, reposant sur un soubassement ou bassin inférieur en pierre.

L'exécution de ces fontaines fera ultérieurement l'objet d'un marché de gré à gré entre la ville et l'adjudicataire, sur la présentation des modèles fournis par ce dernier. Une somme d'une vingtaine de mille francs est réservée dans les évaluations pour couvrir cette dépense.

Cette seconde partie du traité constitue comme la précédente, abstraction faite des fontaines publiques, un marché à forfait. Cependant nous avons dû admettre au forfait les restrictions suivantes :

1° Les regards maçonnés avec leurs trappes pour robinets seront payés à part ;

2° Les amorces de trottoirs à construire dans les rues où il n'en existe pas actuellement, et nécessaires pour la pose des bouches d'arrosage, seront à la charge de la ville ;

3° Les raccords en plomb étant seulement évalués sur une longueur moyenne de 4^m, on paiera à l'adjudicataire tous les tuyaux de plomb en dehors des limites des rues, déterminées par leurs alignements officiels.

Sous ces réserves, il suffira, pour régler le décompte de l'entrepreneur, de compter le nombre d'appareils de chaque espèce et d'y appliquer les prix du bordereau.

L'estimation, ainsi réglée, de cette partie des ouvrages, s'élève, y compris 20000 fr. pour les fontaines publiques, aux chiffres suivants :

Robinetterie...............	7280ᶠ,00
Fontainerie...............	36225 ,00
Total...............	**43505ᶠ,00**

D'après cela l'ensemble des frais de premier établissement des travaux du 3ᵉ lot se résume ainsi qu'il suit :

Tuyauterie...................	90126ᶠ,30
Robinetterie et fontainerie.......	43505 ,00
Somme à valoir réservée pour réparation de caniveaux et d'égoûts, dépenses diverses et imprévisions	6368 ,70
Total général...........	**140000ᶠ,00**

CHAPITRE XIV.

Entretien de la canalisation.

Indépendamment des travaux neufs, le projet de traité que nous avons rédigé oblige l'adjudicataire à l'entretien de la canalisation pendant un bail de six années. Pendant la première année qui constitue la période de garantie, l'entretien est entièrement à sa charge, et, pendant les cinq années suivantes, donne lieu à une rémunération fixée préalablement par une série de prix insérée au bordereau.

Cette clause, ordinairement adoptée dans les projets du même genre, nous a paru tellement importante que nous en avions fait une condition formelle d'acceptation ou de rejet du traité tout entier. Elle présente, en effet, à nos yeux plusieurs avantages.

Le premier, et le plus sérieux de tous, c'est d'augmenter la garantie imposée à l'adjudicataire. Il est évident que ce dernier est d'autant plus intéressé à la bonne exécution de ses travaux qu'il est appelé à répondre de leur entretien moyennant un prix fixe; car, en pareil cas, c'est lui et non la ville qui supporte toute dépense résultant de négligence ou de malfaçon. C'est donc un moyen efficace d'obtenir plus de soin dans la confection des ouvrages. Une durée de six années est d'ailleurs largement suffisante pour atteindre ce résultat; car les tuyaux en fonte, qui dans l'ensemble de la canalisation constituent la fourniture la plus importante, auront été soumis pendant cette période à une épreuve décisive; tous ceux qui, par suite de défauts cachés dans la fonte, n'auront pu résister aux coups de bélier auront dû être successivement remplacés, et la ville pourra avoir toute sécurité, à l'expiration de ce délai, dans la durée de son réseau de canalisation.

Une seconde considération non moins importante, c'est la possibilité de former pour l'avenir quelques ouvriers spéciaux dans la localité. Pendant la durée du bail, l'adjudicataire devra effectuer non seulement les ouvrages d'entretien proprement dit, mais encore les travaux d'extension de la canalisation et quelques branchements pour particuliers. Ce sera donc un moyen de familiariser avec ce genre de travail quelque chef d'atelier ou ouvrier du pays, qui, après six ans d'expérience, pourra continuer lui-même cet entretien d'une nature spéciale, sans que la ville soit obligée de s'adresser dans ce but à un entrepreneur étranger au pays.

Tels sont les motifs qui nous ont engagé à comprendre un bail d'entretien dans le traité passé avec M. Durenne. Le chapitre 4 du devis a pour but de définir les charges et les conditions de cet entretien.

L'entretien des conduites, avec leurs accessoires de robinetterie et de fontainerie, consiste, avant tout, à les maintenir en bon état, à les réparer en cas d'accident et à remplacer au besoin les pièces, dont le maintien pour un bon service ne serait pas reconnu possible par l'administration locale.

Les articles 22 et suivants du devis obligent en outre le soumissionnaire à effectuer régulièrement le graissage des mécanismes, robinets, soupapes ou ventouses qui ne fonctionnent pas journellement, à faire au moins une fois par mois la manœuvre en blanc de tous les robinets et spécialement des robinets-vannes, à prévenir les engorgements des tuyaux en ouvrant, chaque fois qu'il en recevra l'ordre, les décharges des conduites, pour emporter les vases, sables et autres objets susceptibles de les obstruer; enfin, en cas de gelée, à prendre toutes les précautions nécessaires pour éviter les accidents, c'est-à-dire, mettre les conduites et appareils en décharge, entourer de paille les organes exposés à la gelée, chauffer, dégeler et manœuvrer les appareils de distribution et leur assurer cependant toujours la possibilité de fonctionner en cas d'incendie.

Une dernière charge stipulée par l'art. 26, c'est celle de la peinture des bornes une fois tous les ans au printemps. En outre, dans la dernière année du bail, les bornes devront être grattées à vif et recouvertes d'une couche de minium et de deux couches de couleur.

Pour assurer la garantie de l'entretien, l'entrepreneur devra constamment avoir à Verdun un agent qui viendra à date fixe, une ou deux fois par exemple par semaine, prendre les ordres du maire ou de son délégué. En cas d'inexécution de ces ordres, une pénalité de 20 francs par jour de retard sera infligée à l'adjudicataire, indépendamment du droit réservé à l'administration locale de faire exécuter, en cas d'urgence, les travaux en retard aux frais de l'adjudicataire.

Tous les travaux d'entretien ci-dessus définis ont été réglés à forfait avec le soumissionnaire, à raison de 0^r,04 par mètre courant de tuyau de tout diamètre, et moyennant un prix fixe analogue pour chaque appareil, robinet, borne-fontaine ou bouche sous-trottoir. L'évaluation totale, ainsi établie, s'élève à 1260 fr. par an.

A cette somme, il convient d'ajouter les frais auxquels pourra donner lieu l'extension du réseau de distribution et qui seront soldés d'après les mêmes bases que les travaux neufs prévus au projet. Nous les estimons, au plus, à 740 fr. par an, chiffre probablement supérieur à la réalité.

D'après cela, la dépense annuelle résultant de cette troisième partie du traité, doit être ainsi réglée :

1° Entretien............	1260^f	*Dépense fixe.*
2° Somme réservée pour extension de la distribution et imprévisions.	740	*Dépense éventuelle.*
Total........	2000	*Au maximum.*

CHAPITRE XV.

Concessions particulières.

La quatrième et dernière partie du traité consiste dans l'exécution des travaux destinés aux concessions particulières.

Avant d'aborder l'examen de cette partie du traité, il

est nécessaire de faire connaître le point de vue auquel nous nous sommes placé dans cette étude et les principes qui, suivant nous, doivent régir le mode de distribution des eaux aux particuliers.

Il y a aujourd'hui deux systèmes en usage, soit en France, soit à l'étranger : le système discontinu ou intermittent et le système continu.

Ce dernier consiste à laisser couler l'eau pendant un temps déterminé, une heure par exemple, dans un réservoir établi chez le concessionnaire. Mais il présente de tels inconvénients que, bien qu'il soit usité en Angleterre, il est généralement condamné. Comme il est impossible, en effet, de calculer la capacité exacte du réservoir et que dans ce système l'eau continue à couler, même quand le réservoir est plein, il en résulte des pertes d'eau considérables qu'à Londres on n'évalue pas à moins de moitié de la consommation totale.

Ces réservoirs sont en outre un embarras et même un danger. Comme on les double en plomb pour éviter les fuites, l'eau qu'ils renferment se charge d'un principe vénéneux ; c'est à un empoisonnement de ce genre que la famille du roi Louis-Philippe a failli succomber en Angleterre.

Enfin l'ouverture et la fermeture des robinets, qui dans cette hypothèse ne sont pas laissées à la discrétion des particuliers, exigent un personnel spécial de fontainiers payés par la ville. Indépendamment de la dépense qu'entraîne cette organisation, il en résulte qu'en cas d'incendie un particulier est impuissant à ouvrir le robinet de la conduite qui pourrait servir à éteindre cet incendie. Un Ingénieur anglais, M. Baddeley, inspecteur d'une société d'assurance, affirmait que, sur 838 incendies qui ont occasionné des désastres sérieux à Londres en 1849, les deux tiers auraient pu être évités avec des conduites toujours en charge.

Ce système, bien que pratiqué dans certaines villes et répandu en Angleterre, doit donc être à notre avis péremptoirement écarté, et il convient d'adopter sans hésitation le système discontinu ou intermittent, c'est-à-dire celui qui laisse l'abonné entièrement libre de la manœuvre de ses robinets, et qui lui donne toute facilité pour les ouvrir ou les fermer suivant ses convenances.

Dans cette dernière hypothèse, l'eau concédée doit-elle être jaugée? Sur ce point nous n'hésitons pas à répondre négativement. Le jaugeage présente, en effet, à peu près les mêmes inconvénients que le système continu. Dans l'état actuel de la science, il n'existe aucun compteur d'eau, analogue aux compteurs de gaz, et le jaugeage se fait habituellement au moyen d'un diaphragme, qu'on place dans le branchement du concessionnaire et qui limite le débit par vingt-quatre heures au chiffre de la concession. Dans ce cas, un réservoir est également indispensable; car si l'abonné veut se borner à ouvrir son robinet au moment où il a besoin d'eau, il ne profite que d'une faible partie de celle qu'il achète; d'autre part, l'écoulement du tuyau étant réglé d'après le volume concédé pour la journée entière, son débit est nécessairement très lent : c'est ainsi, par exemple, qu'une concession de 15 hectolitres par jour, supérieure à celles qu'exige la plupart des maisons de Verdun, ne représente qu'un débit permanent de 1 litre par minute, et ne permet pas de remplir un seau de ménage en moins d'un quart d'heure, si l'abonné n'a pas de réservoir qui lui permette de recueillir l'eau d'une manière continue et de la laisser couler abondamment quand il en a besoin.

Ajoutons qu'une paille ou une ordure quelconque, introduite par hasard dans le diaphragme, diminue le débit du branchement du concessionnaire et lui fait éprouver à son insu une perte qu'il ne peut même pas vérifier. Enfin les réservoirs, qui sont à peu près indispensables en pareil cas, les appareils de trop plein et de vidange qu'ils exigent, les diaphragmes avec leurs clefs et leurs robinets, représentent un outillage dispendieux, qui augmente dans une forte proportion les frais de premier établissement des concessions d'eau et qui a pour résultat inévitable d'en restreindre le nombre.

Nous croyons donc, en nous appuyant sur l'autorité de M. Dupuis, de l'ouvrage duquel nous avons extrait presque textuellement la plupart des considérations qui précèdent, que l'eau doit toujours être vendue dans le système discontinu au moyen d'abonnements à discrétion.

Cette conclusion est en désaccord avec l'idée générale, qui porte à attribuer à chaque objet de vente un prix proportionnel à sa quantité. Mais il faut remarquer que l'eau fait exception à cette règle: 1° parce, que dans les limites du cube restreint fourni à la consommation particulière, son prix de production n'est pas proportionnel à son volume; 2° parce que la vente de l'eau faisant l'objet d'un monopole de la part de la ville, son prix n'est pas soumis à la libre concurrence.

Doit-on craindre, pour cela, que ce système ne conduise à une consommation d'eau plus grande que la quantité dont on peut disposer? Mais si cette éventualité se produisait, fait remarquer judicieusement M. Dupuis, « cela » prouverait qu'on s'est trompé dans l'évaluation primitive » qui a été faite, et qu'il y aurait lieu de compléter l'ali-» mentation. Mais c'est là un cas exceptionnel ; dans toute » distribution nouvelle, ce n'est pas l'eau qui manque, » c'est l'abonné. » Il existe d'ailleurs à Paris des milliers d'abonnés à discrétion, et les abus, dit M. Dupuis, ancien directeur du service municipal de cette ville, y sont excessivement rares.

Ce système étant admis d'une manière exclusive à Verdun, il s'agit de le tarifer. Nous n'avons pas la prétention de traiter incidemment une question aussi importante, et, tout en restant à la disposition de l'administration municipale pour lui fournir ultérieurement les renseignements qu'elle voudra bien nous demander, c'est à elle que nous devons laisser le soin d'arrêter un tarif. Nous nous bornerons donc à fournir, à titre d'indications, les deux exemples suivants qui sont pris dans les villes de Valenciennes et de Cambrai, et qui ont pour but de démontrer la possibilité de tarifer les abonnements à discrétion. L'un d'eux contient des prix faibles et le second des prix relativement élevés.

CONCESSIONS SANS JAUGEAGE.	VALENCIENNES.	CAMBRAI.
Minimum fixé pour une ou deux personnes....	9ᶠ	25ᶠ
— pour 3 personnes	12	25
— pour 4 personnes	15	31
— pour 5 personnes	18	37
— pour 6 personnes	21	43
Pour chaque personne en plus.............	2	6
Par cheval et par tête de gros bétail..........	5	10
Par voiture de luxe à deux roues...........	5	8
— à quatre roues...........	8	8
Par are de jardin.........................	2	15

Un autre mode de tarif qui nous paraît également fort rationnel, et qui, en Angleterre, est appliqué dans plusieurs villes, consiste à régler le prix de vente de l'eau d'après la valeur locative des habitations, remises de voiture, jardins, telle qu'elle est déterminée sur les rôles des contributions directes.

Quant à l'eau affectée aux usages industriels, il n'en n'est pas tenu compte dans le tableau précédent. Les industriels constituent, en effet, dans une ville une minorité presque toujours assez faible, pour qu'on puisse traiter de gré à gré avec eux. Il serait d'ailleurs encore plus facile de tarifer les abonnements industriels que les précédents; car ils dépendent d'éléments fixes et assez exactement connus. On pourrait adopter le chiffre de $0^f,10$ ou $0^f,15$, ou tout autre, pour prix du litre d'eau concédé journellement pendant une année, et appliquer ce prix aux quantités suivantes, que nous extrayons du cours professé par M. Mary à l'Ecole impériale des Ponts et Chaussées (édition de 1865) :

Par bain............................ 350^{lit}
Par hectolitre de bière................ 200
Par ouvrier dans une fabrique......... 5
Par force de cheval et par heure pour l'alimentation d'une machine à haute pression sans condensation...................... 50
Par force de cheval et par heure pour l'alimentation d'une machine à haute pression et à détente........................... 480 à 600^{lit}.

En se guidant sur ces chiffres, on pourra toujours composer un tarif rationnel. Cette étude, comme celle de la vente de tous les produits qui constituent un monopole, exigera du soin; car il faut évaluer aussi approximativement que possible le sacrifice maximum que voudront faire les habitants de la ville, pour régler, d'après cette appréciation, le prix de l'eau. Ici, le rôle de l'Ingénieur s'efface, pour faire place à l'administrateur et à l'économiste.

Quoiqu'il en soit, c'est en prévision du mode de distribu-

tion discontinue et sans jaugeage que nous avons rédigé la
dernière partie du traité passé avec M. Durenne, et que
nous en avons arrêté les dispositions techniques.

Le chapitre 5 de son cahier de charges oblige ce soumissionnaire à exécuter, moyennant la série des prix n° 53
et suivants du bordereau, les prises d'eau et les embranchements pour concessions particulières, non seulement
pendant la période d'établissement des travaux neufs de
la ville, mais encore pendant les six années de son bail
d'entretien.

Cette obligation est réciproque, c'est-à-dire que la ville
fait de ces travaux l'objet d'un monopole au profit de son
adjudicataire, sans accorder à ses abonnés la faculté de
s'adresser à un autre entrepreneur. Cette clause, qui est
toujours adoptée en pareil cas, est motivée par des considérations d'une haute valeur : la ville ne peut, en effet,
confier au premier venu le droit d'ouvrir des tranchées
sous la voie publique et de percer ses conduites pour y
adapter des branchements destinés à un usage particulier ;
elle ne peut pas se regarder comme désintéressée dans la
bonne exécution de ces ouvrages, et il faut qu'elle ait la
certitude que ces travaux seront faits de manière à ne
pas compromettre le service public de la distribution.

Cette clause ne peut léser d'ailleurs aucun intérêt privé :
car les prix acceptés par un adjudicataire unique pour
l'ensemble d'une ville sont plus faibles que ceux que peuvent espérer obtenir des propriétaires isolés. Ces prix ont
d'ailleurs été dressés, de manière à permettre à chacun de
se rendre compte très exactement à l'avance des frais
de 1ᵉʳ établissement d'un embranchement d'un diamètre
déterminé, et sont tous fixés à forfait d'une manière invariable ; le prix du mètre courant de tuyau de plomb, aux
épaisseurs normales de la ville de Paris, comprend, en particulier, tous les frais accessoires exigés par l'ouverture et le

remblai des tranchées, le pavage des trottoirs et même le percement des murs ou cloisons de maisons. Moyennant les prix du bordereau, le propriétaire qui s'abonnera n'aura donc aucune chance aléatoire à courir. On peut admettre, d'après l'ensemble de ces prix, que la prise d'eau et la tuyauterie nécessaire pour amener l'eau au premier étage des maisons de la ville coûteront généralement 100 à 120 fr. environ, abstraction faite des robinets et organes intérieurs de distribution dans les maisons.

Une réduction de 10 p. 0/0 sur le prix des travaux extérieurs aux maisons est en outre stipulée au bénéfice des abonnés, qui voudront en profiter pendant la durée de l'ouverture des tranchées nécessaires à la canalisation de la ville devant leurs maisons.

Le monopole défini par l'art. 29 du cahier des charges est applicable à tous les travaux extérieurs aux habitations et aux ouvrages intérieurs soumis à la pression directe des conduites. En ce qui concerne les autres travaux intérieurs, tels que tuyaux et robinets sans pression, distributeurs d'étage, cuvettes, jets d'eau, etc., la ville n'impose aucune obligation, ni à ses abonnés auxquels elle se borne à recommander son adjudicataire, ni à ce dernier lui-même, en les laissant libres de traiter de gré à gré. Dans ce dernier cas, aucun intérêt public en effet, n'est en jeu, et rien ne pourrait, à notre avis, motiver utilement l'immixtion de la ville dans des affaires d'un caractère entièrement privé.

Comme les travaux de la canalisation de la ville, les embranchements particuliers sous la voie publique seront entretenus par l'adjudicataire et à ses frais, pendant un an à partir de leur mise en service. Ce délai passé, cet entretien restera à la charge des abonnés.

Pour les travaux intérieurs, même pour ceux qui font partie du monopole, l'entrepreneur, ne pouvant exercer sur eux aucune surveillance, sera déchargé de toute obligation d'entretien immédiatement après leur réception.

Le cahier des charges ajoute, en dernier lieu, qu'aucune des clauses qui précèdent ne fait obstacle à ce que l'adjudicataire et les abonnés traitent de gré à gré suivant leurs convenances. Mais il stipule en même temps, de la manière la plus expresse, que l'administration municipale, n'ayant pas qualité pour s'immiscer dans les conventions particulières, ni même le moyen d'en connaître l'existence, entend toujours rester étrangère aux contestations qui pourraient s'élever entre les deux parties et qui seront portées, conformément aux règles du droit commun, devant les tribunaux.

La seule obligation que la ville accepte, parce que l'intérêt de la sécurité publique et celui de sa propre distribution y sont engagés, c'est de surveiller si les conditions techniques, imposées à l'exécution des ouvrages désignés dans le monopole de l'adjudicataire, sont convenablement remplies.

Telle est la quatrième et dernière partie des travaux compris dans le 3e lot. Pour compléter cet exposé, il ne nous reste plus qu'à faire connaître quelques conditions générales, qui sont applicables à l'ensemble de ce lot et qui font l'objet du chapitre 6 du devis.

Les premières sont relatives à la surveillance des travaux et à l'obligation imposée à l'adjudicataire d'élire domicile à Verdun. Le devis fixe ensuite à huit mois le délai d'exécution des travaux neufs, avec une amende de 100 fr. par semaine de retard ; il stipule que les paiements auront lieu mensuellement, sous la réserve d'une retenue de 20 p. 0/0 sur les approvisionnements rendus dans les magasins de la ville, de 10 p. 0/0 sur les travaux non terminés, et de 1 p. 0/0 pour secours éventuels à donner aux ouvriers blessés, jusqu'à la date de la réception définitive. Enfin le cautionnement de l'adjudicataire est fixé à 6000ᶠ, jusqu'à l'expiration de l'année de garantie qui suivra l'achèvement des travaux neufs, et il reste limité à un chiffre de 500ᶠ, durant les cinq années suivantes du bail, pendant lesquelles le soumissionnaire n'aura à exécuter que des travaux d'entretien et ceux des concessions particulières.

CHAPITRE XVI.

Conséquences financières de la création projetée. — Conclusions.

Dans les chapitres précédents, nous avons passé en revue les diverses parties du projet de distribution d'eau en indiquant successivement l'évaluation de chacune d'elles. L'estimation totale des frais de premier établissement se résume ainsi qu'il suit :

1ᵉʳ *Lot.* — Maçonnerie et charpente.....	132000ᶠ
2ᵉ *Lot.* — Machines et pompes........	78000
3ᵉ *Lot.* — Tuyauterie et fontainerie.....	140000
Total général..........	350000ᶠ

Il est permis d'espérer que cette estimation ne sera pas dépassée en cours d'exécution. En effet, les deux derniers lots font l'objet de marchés à forfait, dont le chiffre est dès aujourd'hui invariablement déterminé, si le Conseil municipal veut bien les sanctionner par une approbation régulière. Le premier lot est le seul qui présente quelques chances aléatoires ; mais l'estimation des ouvrages compris dans ce lot est établie sur des prix élémentaires suffisants, pour qu'on puisse raisonnablement espérer un rabais dans l'adjudication publique qui devra précéder ces travaux ; les éventualités bonnes et mauvaises, qui affectent l'estimation du 1er lot et qui ne lui donnent pas le même caractère de certitude qu'à celle des deux suivants, sont donc susceptibles de se compenser mutuellement les unes par les autres. Enfin, une somme à valoir de 10651f, 03, comptée dans les diverses parties de la construction, fait aux imprévisions une part raisonnable, et garantit suffisamment la ville contre tout mécompte ultérieur.

Toutefois, pour être juste, nous devons faire remarquer que cette somme à valoir n'est pas assez élevée pour couvrir les frais de direction et de surveillance des travaux. Sous cette seule réserve, nous adoptons donc définitivement le chiffre de 350000 francs.

Dans ces conditions, la distribution d'eau de Verdun, rapportée à une population indigène et flottante de 11000 habitants, intra muros, coûte 31f 66 par habitant. Il n'est pas sans intérêt de rapprocher ce chiffre des prix de revient suivants, choisis comme termes de comparaison dans des localités d'importance diverse, plus ou moins récemment dotées d'une distribution d'eau :

<pre>
A Besançon . . . . 53f50 par habitant.
A Bordeaux . . . . 58 »   id.
A Reims . . . . 40 »   id.
A Châteauroux . . . . 40 »   id.
A Dijon . . . . 40 »   id.
A Lyon . . . . 41 »   id.
A Creteil . . . . 60 »   id.
</pre>

Sans prétendre qu'on ne puisse trouver des localités où une distribution d'eau ait été établie à aussi bon marché qu'à Verdun, et peut-être même à un prix inférieur, nous sommes du moins en droit de conclure, d'après ces exemples, que notre projet est conçu dans des conditions très économiques.

Il reste maintenant à évaluer les frais annuels auxquels donnera lieu la création projetée.

La force utile des machines, nécessaire à l'élévation des eaux, est de 15 chevaux. Or; nous avons vu, dans le chapitre X, que le^s machines des villes de la Rochelle et de Montauban, identiques à celles que **MM.** Farcot doivent, d'après leur traité, fournir à Verdun, dépensent de $1^k,50$ à $1^k,60$ de houille de qualité ordinaire par heure et par force de cheval, mesurée en eau montée. Cette consommation représente $22^k,5$ à 24^k par heure, soit 270 à 288 kilos pour une journée entière de 12 heures. Adoptons donc un chiffre moyen de 280 kilos, et évaluons la tonne de houille ordinaire à 25 fr., prix certainement trop faible aujourd'hui, mais très probablement supérieur à celui qui s'établira à Verdun dans un petit nombre d'années, après l'achèvement des travaux d'amélioration de la navigation de la Meuse et ceux du chemin de fer de Reims à Metz. Nous trouvons, d'après cela, que la dépense journalière en charbon sera de 7 fr. La dépense annuelle, calculée sur 355 jours au maximum, eu égard aux jours de gelée, sera donc environ de 2485 fr., soit en chiffres ronds et au maximum...................... 2500^f

A reporter............ 2500^f

Report..... .... | 2500^f

Après cette première dépense, vient celle du personnel. Il ne nous appartient pas de préjuger à cet égard les intentions de l'administration municipale. Cependant nous devons faire connaître le mode d'organisation le plus convenable à adopter suivant nous pour ce service.

Nous pensons que, pendant les premières années, soit, par exemple, pendant la durée du bail d'entretien de six ans conclu avec l'adjudicataire des travaux du 3e lot, il conviendra de laisser, moyennant une indemnité réglée à l'amiable, la direction du service à l'Ingénieur ou à l'Architecte auquel la ville aura confié l'exécution des travaux. Ce délai passé, ce service, réduit à des proportions beaucoup plus modestes, rentrerait, comme tous les autres services du même genre, dans les attributions de l'Architecte de la ville. Sous cette réserve, nous ne comptons donc aucune allocation pour la direction générale du service.

Sous ses ordres immédiats, serait placé le mécanicien. Nous croyons devoir engager la ville à s'attacher d'une manière durable, par un salaire suffisant, un homme assez intelligent pour surveiller tous les détails du service, contrôler chaque jour l'entretien, non seulement de ses machines, mais encore de la canalisation et de la fontainerie, et tenir enfin, sauf vérification par le chef de comptabilité de la Mairie, les écritures des con-

A reporter............. | 2500^f

Report............ 2500^f

cessions pendant le temps considérable où il n'aura pas besoin de surveiller ses machines. En un mot, ce serait cet agent qui, placé sous les ordres de l'architecte de la ville, et destiné à le suppléer au besoin, serait chargé de l'entretien de toute la distribution et serait appelé à être en relation journalière avec les abonnés de la ville. Dans ces conditions, nous portons son traitement annuel, indépendamment du logement qui lui serait fourni dans le bâtiment des machines et où se trouverait un bureau ouvert au pubic, à...................... 2400^f

Il convient d'y ajouter un chauffeur et un fontainier, le premier affecté aux chaudières et le second à l'ouverture et à la fermeture des orifices d'arrosage, ou plutôt deux hommes susceptibles de se remplacer et faisant alternativement l'office de chauffeur et de fontainier. Comme leur temps ne sera pas entièrement occupé, nous compterons seulement pour ces hommes une somme totale de 1600 fr., qui pourra être répartie, soit à raison de 1000 fr. pour le chauffeur et 600 fr. pour le fontainier, soit par moitié entre chacun d'eux, suivant la combinaison que la pratique révélera comme la plus convenable, ci...... 1600^f

Nous abordons maintenant la troisième catégorie de dépenses, qui consiste dans l'entretien proprement dit des ouvrages.

Nous avons vu que l'entretien de la canalisation et de la fontainerie, qui est de beaucoup

A reporter............ 6500^f

Report.............. 6500ᶠ

le plus dispendieux, a été réglé à forfait, dans le traité passé avec la maison Durenne, à un chiffre de 1260 fr. Nous n'ajoutons d'ailleurs, ici dans notre estimation, aucune somme pour extension du réseau de distribution, parce que cette dépense est facultative et se rapporte en réalité, non pas à l'entretien, mais à des travaux neufs. Nous comptons donc de ce chef............................... 1260ᶠ

Nous évaluons l'entretien des machines, c'est-à-dire leur graissage et les réparations courantes qu'elles exigent pour être maintenues en parfait état de conservation, à ... 600ᶠ

Enfin, l'entretien des autres ouvrages de la distribution, c'est-à-dire de la prise d'eau, du bâtiment des machines et des deux réservoirs, avec la vidange et le nettoyage à intervalles réguliers de ces réservoirs, peut être estimé par an à..................... 600ᶠ

Total.............. 8960ᶠ

Soit, en chiffres ronds et au maximum, avec une évaluation largement faite de toutes les dépenses annuelles.................. 9000ᶠ

De cette somme, il convient de retrancher les frais annuels qu'exige aujourd'hui l'entretien des pompes publiques établies dans les différents quartiers de la ville, et qui se traduisent chaque année par une dépense de 1200ᶠ

Reste.................. 7800ᶠ

La charge nouvelle que la création projetée imposera au budget de la ville est donc de 7800 fr. environ, abstraction faite des intérêts du premier capital engagé.

Pour couvrir cette dépense, nous pensons que la ville trouvera dans le produit des concessions particulières un bénéfice suffisant. Il est fort difficile d'évaluer à l'avance le nombre des abonnements; cependant, nous croyons que, sans sortir des limites d'une prudence poussée peut-être même jusqu'à l'exagération, on peut en compter au moins 250 dès les premières années de la mise en service public de la distribution.

En 1861 ou 1862, M. Poulmaire avait, en effet, obtenu plus d'une centaine d'engagements dans un seul quartier de la ville sur la rive gauche de la Meuse. Si ce nombre a pu être réalisé dans une partie restreinte de la ville par un industriel isolé, il ne nous paraît pas douteux que l'administration municipale, qui présente évidemment des garanties auxquelles ne peut prétendre un industriel, quelle que soit son honorabilité, n'arrive à en obtenir dès le début au moins 250 dans la ville entière.

En évaluant chacune d'elles à 30 fr. en moyenne, on arrive à un produit minimum de 7500 fr., suffisant, pour couvrir, dès les premières années de la mise en service public, les frais annuels évalués au maximum à 7800 francs.

Cette prévision est justifiée par l'exemple de ce qui se passe généralement dans les autres villes, où le revenu des concessions est ordinairement évalué à 2 ou 3 p. 0/0 du capital total primitivement engagé. En admettant cette base d'évaluation, on trouve que les concessions pourront rapporter à Verdun 7 à 11 mille francs. Le chiffre de 7500 francs que nous avons adopté est donc, suivant toute probabilité, plutôt en dessous qu'en dessus de la réalité, et nous croyons qu'on peut l'admettre sans craindre de s'exposer à aucun mécompte fâcheux.

Il ne faut pas s'étonner, d'ailleurs, si le capital ne rapporte presque jamais un intérêt plus élevé. En effet, la plus grande partie des eaux dans toute distribution est affectée à l'assainissement de la ville, ou, d'une manière plus générale, aux besoins de l'édilité. Ainsi, nous avons vu dans le chapitre XI, en répartissant le volume journalier de 1200^{mc}, alloué à la ville de Verdun, entre les différents usages auxquels il est destiné, que la quantité nécessaire aux besoins domestiques et industriels ne dépassera guère 226^{mc} par jour. Or, cette quantité représente seulement 19 p. 0/0 du cube total. Si donc on répartit dans le même rapport les frais de premier établissement et d'entretien, on reconnait que ceux qui sont afférents à la consommation particulière se réduisent en réalité :

1° Pour travaux neufs, à 350000 fr. × 0.19 = 66500 fr.

2° Pour entretien, à 7800 fr. × 0.19 = ... 1482 fr.

Retranchons du revenu des concessions, évaluées à 7500 fr. cette dernière somme de 1482 fr., il reste 6000 fr. en chiffres ronds. Le capital de 66500 fr., le seul qui soit consacré à la satisfaction d'un intérêt privé, le seul par conséquent dont la ville puisse espérer une rémunération, rapportera donc en réalité un produit minimum de 6000 fr. ; c'est un intérêt de 9 p. 0/0, estimé au plus bas prix.

Ces considérations justifient une fois de plus l'assertion que nous avons déjà émise dans ce rapport, qu'une distribution d'eau ne peut être regardée comme une spéculation, et qu'elle présente, avant tout, le caractère d'une œuvre d'utilité publique. En résumé, le capital primitif de 350000 fr. sera intégralement dépensé, sans qu'on puisse songer à un recouvrement ultérieur ; à cet égard, il ne faut se faire aucune illusion. Le seul espoir qu'on puisse raisonnablement concevoir, c'est de trouver dans le produit des concessions particulières un revenu largement suffisant pour solder les dépenses annuelles.

A Dieu ne plaise que nous ne veuillons amoindrir l'importance des sacrifices qu'exige la réalisation de cette entreprise. Ils sont considérables, et nous avons tenu à les faire connaître avec la plus entière franchise. Quant à nous, notre tâche est terminée. C'est au conseil municipal qu'il appartient maintenant de juger si ces sacrifices sont en rapport avec le caractère d'utilité primordiale que nous parait présenter l'accomplissement de cette œuvre, et si Verdun doit rester plus longtemps déshérité des bienfaits d'une large consommation d'eau à laquelle l'illustre Arago mesurait le degré de civilisation des sociétés.

Qu'il nous soit permis de clore ce rapport par l'expression de notre profonde gratitude à l'égard de l'admitration municipale et du conseil, qui ont bien voulu nous honorer de leur confiance, en nous chargeant de la rédaction de ce projet important. Nous nous estimerons heureux si, par nos efforts prolongés durant deux années d'études, nous avons réussi à la justifier.

A Verdun, le 23 décembre 1867.

P. HOLTZ.
Ingénieur des Ponts et Chaussées.

TABLE DES MATIÈRES.

Verdun, imp. de I. DOUBLAT.

9 782019 947996